Modified Grounded Theory Approach

ケア現場における心理臨床の質的研究

高齢者介護施設利用者の生活適応プロセス

木下康仁
序文
小倉啓子
著

弘文堂

序

木下康仁

質的研究法としてのM-GTAについてはすでに説明してきており、また、この研究法による研究例も蓄積してきているが、M-GTAの可能性として未だ十分検討されていない点がある。研究と実践との有機的関係、とりわけ研究結果の実践的活用である。研究の結果が報告書や論文として発表されるのは意義のあることではあるが、研究は「そこで」完結するのではなく、むしろ「そこから」始まるプロセスこそが研究に社会的意味をもたせると考えているからである。実践の理論化とは研究結果が提示され、それが作業仮説となるところから始まるのであって、結果の提示によって成り立つわけではない。とくに結果の応用が検証であるとするM-GTAの立場は、この研究法がもっとも適しているヒューマン・サービス領域において、応用者によって結果がどのように実践に関連付けられ、その有効性が確認され、必要な修正がなされていくか、そして、その関与プロセスで実務に従事する応用者自身がどのように力量形成していくのかを重要視する。研究者はその伴走者であり、フィードバックを受けながら、さらに理解のフロンティアを拓いていく。

そんなイメージからすると、小倉氏による本書は非常にユニークな位置におかれ、M-GTAのひとつの可能性を示しているといえる。本書はM-GTAを用いた研究書であるが、それ以上に高齢者ケアの分野において長い年月にわたり要介護高齢者たちに寄り添い、善き隣人として等身大のかかわりを続けてきた氏の研究者としての軌跡を表したものであり、それゆえに高齢者たちは困難な状況にありながらも日々を生きる人間として生き生きと描かれている。自らの言葉と行為により、これまでの人生全体をリソースとしてフルに活用しながら生活者として懸命に生きている。存在をかけて日々を生き抜くその姿は感動的である。人は他者に応じて自らを表現するものだとすれば、これは彼らを要介護高齢者として客体視しない小倉氏の姿勢や人柄との相互作用の結果であろう。M-GTAはそうした展開の中で両者の関係を鮮明にする道具として、控えめに活用されているのである。研究法とは本来そうしたものであり、【研究する人間】によって価値づけられるものである。

本書にはいくつかの特徴があるが、そのひとつは最初から研究として構想されたのではなく、大学院の実習生、そして、後には心理職相談員として高齢者たちに日常的にかかわった時のさまざまな記録類や自身の経験をデータとして分析を行った点にある。半構成的面接法によるデータの使用が一般的になってきているが、本書は実務から発想し、その記録を活用しているのであり、これは注目に値する。調査という形を取らなくてもM-GTAの分析はできるのであり、実務において研究を行う人たちにとって参考になろう。

もうひとつの特徴は、要介護高齢者と職員、双方に対して独自の距離が取れる位置にいたことである。心理相談という役割の特性であろうが、施設の職員、介護スタッフとは異なる、ゆるやかな立場で高齢者たちと接することできた点である。M-GTAを実務で活用するにはすべてこの距離感が必要というわけではないが、自身の位置、関連する他者との距離についてはセンシティブであることが求められる。これは研究者の場合も同様である。
“つながり”を基本概念とし、その展開が本書では多面的に検討され、介護施設での高齢者たちの日常をバランスよく分析的に記述している。それだけでなく、その作業過程である、自身の経験と問題意識の展開の関係やM-GTAを用いての思考プロセスをていねいに説明しているので、この研究法に関心のある読者は分析結果の部分とその作業プロセスとを追体験的に理解しやすいので、学習が効果的にできるであろう。手順や技法は重要ではあるが、それらがどのように用いられるのかが具体的な流れとして理解しやすく書かれている。
その上で、小倉氏は研究の成果を実践的に活用するために具体的な場面や状況を挙げながら詳しい提言をまとめている。高齢者ケアに従事する人たちが本書の提言を参考にし、その応用経験から自身にとっての実践を支える知を獲得していかれることを願っている。

ケア現場における心理臨床の質的研究
――高齢者介護施設利用者の生活適応プロセス

【目次】

第5章 M-GTAによる分析の体験的プロセス 153

はじめに

多くの人が80歳、90歳を生きる高齢社会では、介護が必要になった時、どこで誰から介護を受けるのかという問題は、社会的にも個人的にも重要な課題である。援助者としては、単に介護を提供すれば良いということではなく、その人の生き方や価値観など精神的側面を守りつつ、その人に適した日常生活が送れるように生活適応を促す援助をする必要がある。

しかし、現在、高齢者ケアといえば介護保険の対象になるケアのことと思われ、経済的・身体的な問題を中心にして援助する側から議論されることが多い。高齢者ケアの受け手である高齢者自身が要介護生活をどのように体験しているのか、どのようなケアサービスを求めているのかなど、要介護高齢者の体験や声にもっと耳を傾け、ケアに取り入れていく必要がある。

この本は、高齢者介護施設の利用者が新しい生活環境との主体的・能動的な相互作用によって、生活の面でも心理的な面でも安定して暮らしていく生活適応のプロセスを、利用者の立場から明らかにしたものである。特別養護老人ホーム・軽費ホームなどのケア現場で、臨床心理士として利用者や職員との6年余りの日常的な関わりや心理臨床を通した実践的研究である。研究方法としては、生活適応プロセスの全体像と変化とをとらえることができる質的研究法の修正版グラウンデット･セオリー･アプローチ（M-GTA）を用いた。

第 1 章では研究の背景、第 2 章では特養の新利用者が主体的･能動的に‘つながり’を作りながら施設環境に生活適応していくプロセスを取り上げた。第 3 章では、利用者の施設生活への不安・不満が拡大するという援助の面でも重要な問題に焦点をあて、援助の相互作用の重要性を明かにした。第 4 章では、利用者が施設生活への不安・不満を越えて、最後まで自分らしい生活を作り続けていく様子を取り上げた。第 5 章では、M-GTA の分析過程の実際を具体的に示した。第 6 章では、生活適応プロセスの研究結果を特養ホーム･軽費ホーム・老人病院で応用した心理臨床の実践例を取り上げた。

このように、本書では要介護状態にある高齢者の行動に新たな意味を与え、特養への適応プロセスを全体的に理解する視点を示した。また、援助関係における相互作用の重要性を指摘し、利用者の「問題」を援助にポジティブに生かす視点を提案した。介護施設における心理臨床の意義と実践、対人援助の実践と研究とを結ぶ質的研究の意義と方法を取り上げた。

本書が高齢ケアや対人援助の実践的研究に関心のある方達の目にとまり、介護施設利用者の適応援助や質的研究、M-GTA への関心をさらに深められる契機になれば幸いである。

M-GTAの指導をしてくださった立教大学木下康仁教授、高齢者ケアについて指導や支援をしてくださった日本女子大学飯長喜一郎教授、立教大学橋本正明教授、上智大学黒川由紀子教授に厚く御礼申し上げる。いろいろな話を聞かせてくださった利用者や施設職員の皆様に深く感謝する。出版にあたり、弘文堂の中村憲生氏には大変お世話になった。心から御礼を申し上げる。

平成19年4月

小倉啓子

第 1 章

特別養護老人ホーム利用者の生活適応プロセスの研究と実践の背景

I 研究の目的と意義

人生の最後の段階である高齢期は、人格の成熟や人生の統合をはかっていく時期（Erikson, E.H., Erikson, J.M. et al., 1986）であると言われている。一方、心身の健康や人間関係などの喪失が重なり、死が現前化する時期であるとも指摘されている。高齢者はこのような喪失の苦しみや死への不安があるなかで、人格と人生の統合をすすめていくという難しい課題がある。ことに、高齢社会となって、多くの人が80歳代・90歳代を生きる時代には、介護を受けながら生活をする時期を迎える可能性がある。その時にどのように生活を安定させ、心理的にも満足して生きていくかという問題がある。高齢社会では、介護を受けるようになっても、自分の生き方や価値観など心理的・精神的な面を守りつつ、同時に生活の安定をはかっていくという生活適応が課題になると考えられる。

要介護高齢者の問題はさまざまな領域で取り上げられているが、そこでは介護者の負担や経済や医学・福祉の問題として論議され、高齢者ではない人々によって語られている。高齢者が要介護生活にどのように適応していこうとしているのか、どのような心理的な体験をしているのかなど、高齢者の体験には関心が低いのではないか。要介護高齢者に合った援助をしていくには、高齢者が語ることや行動に直接ふれ、どのように心理的安定と生活面の安定とをはかって生活適応をしているのか、を理解する必要がある。

ことに常に介護を必要とする特別養護老人ホーム利用者が、施設環境のなかで自分らしく生活していくことは容易ではないと考えられる。適応力が最も衰えた時期に、最も困難な生活適応を求められていると考えられ、心理的な側面からサポートが必要になる場面も多いだろう。心理職として、要介護高齢者の生活適応についてどのような援助ができるのかをとらえておくことは重要である。

特養という生活環境で、利用者は他の世代や在宅の高齢者とは異なる生活適応の形やプロセスをたどっているのではないだろうか。日常生活は何気なく流れているようでも、さまざまな要素が入り組み、生活環境との複雑な相互作用がある。利用者が身体的にも、環境的にも制限されたなかで、自分なりに生活を作っていくことは、かなり複雑で努力を要する過程であろう。その過程を明らかにすることによって、特養で利用者が自分らしく生きていくことはどのようなことなのかについての理解を深め、適切な心理的援助ができるのではないかと考えられる。

そこで、本研究の目的を、施設環境のなかで、特養ホーム利用者が自分の主体性や価値観や独自性を生かしながら、自分にあった生活を新たに作っていく生活適応のプロセスを利用者の立場から明らかにし、そのプロセスを心理的側面から援助する視点を検討することとした。このような研究は、要介護高齢者の生きる力や意欲を生かして、生活援助と心理的援助を具体的に実践する視点を示唆するうえで意義があると考える。

II 研究と実践のフィールド

1. 施設と利用者

生活適応の実践と研究の主なフィールドは、東京の社会福祉法人が経営する特養ホーム（以下、ホーム）である。同じ敷地内に養護老人ホームと軽費老人ホーム・デイサービス・在宅支援センター・グループホームがあり、地域の中心的な高齢者施設となっている。広い敷地には手入れが行き届いた花壇や芝生があり、自然に恵まれている。地域交流も活発で、多数のボランティアが訪れてさまざまな活動をしている。

ホームの定員は150名で、5階には重度の認知症利用者、2階・3階・4階には比較的健康な人と寝たきりの利用者、軽度・中度の認知症利用者が混在している。各フロア（居室階）の利用者は35、6名で、主に4人部屋である。廊下を挟んで居室・食堂・職員ステーション・浴室・看護室があり、廊下にはテレビ・乾燥機・電話がある。職員ステーション前には応接セットがあって、新聞や雑誌が読める。犬やウサギ・鳥を飼っているフロアもある。食堂のテレビや冷蔵庫の利用は自由である。各食堂テーブルには数名がすわる。

売店や喫煙のコーナー・ボランティア運営の喫茶室・行事などを行う大ホール・お別れ（焼香）をする仏間がある。別館にはグループホーム・医務室・作業療法室・リハビリ室・陶芸室がある。各施設の利用者は、体操やさまざまなクラブ活動・法事・リハビリで交流する機会がある。施設間移動は多く、特養ホームは最終的な生活の場となる。

昼間、居室のドアは開いており、入り口にはのれんが掛かっている。ベッドはカーテンで仕切られ、ベッド周りには私物や日用品が置かれ、ポータブルトイレや車椅子などがある。衣類や雑貨は私物で、収納場所はベッド脇のキャビネットと、幅 60 cm、天井までの高さのロッカーがある。トイレや洗濯機・洗面所は 2 部屋で使う。洗濯物は自分で洗うか、洗濯場やクリーニングに出す。

2. 相談室活動

(1) 心理職相談員――臨床心理士

ホームでの筆者の立場は 3 回変わったので、利用者との関わり方も変化した。最初は、大学院心理学専攻博士前期課程 1 年の 1996 年 10 月から約 8 カ月間、利用者の話相手をする実習生であった。利用者からホームでの日常生活の様子・楽しみや辛いこと・昔の思い出などを聞いた。利用者の話を非常に興味深く感じたので、修士論文では、利用者が新しい生活環境のなかで安心できる居場所を獲得していくプロセスについて、半構造化インタビューを行った。そこで得た資料を感情面の変化に焦点を当てて、「特別養護老人ホームにおける女性入居者の『居場所』の研究」として質的にまとめた（小倉、1997）。特定の質的研究法や臨床心理学の理論は用いず、小学生や中学生の学校での居場所をテーマにした研究を参考にして、質的な分析をした。

心理職相談員：大学院後期課程進学と同時にホームの非常勤職員となり、週3日特養ホームの管理室勤務となった。これまでと同じように利用者の話の相手を続けた。新たに、新利用者への「入居3カ月面接」・問題のある利用者との面接・死亡退所者の記録整理・ショートステイの受付なども始めた。養護ホームや軽費ホームに出入りして利用者や職員と日常的な接触もできた。心理職として一義的に規定されるのではなく、いろいろな経験ができたことは、その後の研究や臨床実践に非常に役立った。約半年後に相談室が開設され、心理職相談員として相談室勤務となり、利用者の話の相手や相談相手をしたり、職員から利用者への面接を頼まれたりした。このように立場を変えながら、2003年3月まで6年3カ月間ホームに関わった。

(2) 相談室活動の概要

1998年12月に相談室が開設された。開設理由は「利用者の精神的・心理的ケアは、介護福祉士・社会福祉士が担当し、対応困難な時には精神科医・外部の心理専門家が面接や職員スーパービジョンをしてきたが、現場職員には専門家の活用が難しい。心理職職員が日常的・個別的な相談援助を行うことが有効である」ということであった。相談室は1階ロビーの脇にあり、買い物のついでに立ち寄ることもできて、面談に適した部屋だった。

開設時の相談員は筆者と連絡役の事務職員で、1年半後に男子大学院生も加わった。精神科医とは勤務日が異なるが、事務職員を通して連絡したり、直接会って指示を受けたりした。他相談員とは相談室記録を通し、また、時々報告会をして連絡をとった。

相談員の役割

施設長から指示された相談員の役割は、「現場職員とは違う立場から、利用者の話や訴えを聞いて、理解したことを職員に伝え、日常のケアに役立ててもらうこと」だった。特養ホーム・養護ホーム・軽費ホームの各ホーム園長の要望は「現場職員は話を聞く時間がないので、相談員はゆっくり話を聞いて、利用者のストレス解消をはかること。面接の内容を各ホームの管理職に報告する」ことであった。

現場に近い職員ほど、利用者の話の相手をして気持ちを落ち着かせてほしいという要望が強かった。心理職が「療法」という言葉を使うのはおかしいとされ、カウンセリングや心理療法という言葉ではなく「相談」と言われた。認知症検査も介護職員が担当した。

管理職と現場との連携

他の職との連携をはかるため、A4 サイズの面接報告書に面接者名・利用者名・面接場所・日時・目的と、利用者の要望や苦情・相談員とのやり取り・ケアへの提言・今後の方針を記入する欄を作った。プライバシーに配慮し、利用者に不利な影響がないような表現をして、面接した日に利用者の所属するホームの管理職に提出した。また、各ホームの管理職・居室担当職員・栄養士・看護師と対応を話合い、カンファランスに出席した。問題や苦情だけでなく、利用者が職員に感謝していること、ポジティブに感じていることは必ず伝えた。職員から相談員に面接を頼む時には、面接依頼書に問題の経過や職員の見解、相談員への要望を書いてもらった。

利用者への広報

平均年齢が約 84 歳の利用者には、「カウンセラー」よりも「相談員」としたほうがわかりやすいとの連絡役事務職員の判断で、「相談員」という名札をつけた。相談室開設のポスターに、「日常生活の話や相談、何でも話せます」と書き、エレベーターや掲示板に貼った。初めは、民生委員か修理屋さん、ホームのスパイなどと言われたりしたが、こちらから出向いて挨拶などをしているうちに馴染みになって、話や相談をするようになった利用者もいた。実習生の時に親しくなった利用者が幾人もいて、筆者の立場が変わってもいろいろな話をしてくれ、共同作業の仲間にも入れてくれた。

(3) 利用者と関わる3つの場面

「新利用者面接」：利用者と接する場面は大きく分けると3つあった。そのひとつが「新利用者面接」である。これまで「入居3カ月面接」として、入居3カ月後くらいに面接が行われてきた。しかし、入居直後から新利用者と接することが重要と考え、入居1ヵ月後に「入居3カ月面接」と同じ書式を使って「新利用者面接」を行った。「新利用者面接」の目的は、入居当初の反応を知って問題の早期発見と援助をすること、相談員が新利用者にとって気軽に話ができる相手になっておくことだった。「新利用者面接」記録も管理職に提出した。

「日常場面での関わり」：「日常場面での関わり」の目的は自由に何でも話せる場を提供して、情緒的・情報的な交流をしたり、問題点の早期発見・早期介入をしたりすることである。「新利用者面接」後の新利用者や、一応はホームに慣れた安定期の利用者に対して居室や廊下・ロビー・食堂など日常的な場面に出て行って、生活や心身の様子などを聞いたり、雑談をしたり、問題の相談にのったりした。荷物整理やタオル畳みも一緒にした。

「問題対応面接」:「問題対応面接」の目的は、不安や不満、問題のある利用者と面談して問題の改善をはかることである。職員から依頼されるケースと利用者の自発来談によるケースとがある。「問題対応面接」と「日常場面での関わり」の区別は明確ではなく、いつでもどこでも問題の予防や改善をはかれるようにしようと考えた。

「問題対応面接」の面接報告書の書き方には配慮した。利用者は職員に悪く思われないかと心配するし、実際、報告の内容や表現によっては利用者の真意が職員に伝わらないことも考えられる。利用者の気持ちや言いたいことは、「こういうことですか」とまとめたり、利用者が安心するような表現を一緒に考えたりして、面接報告書を書くようにした。

(4) 生活適応の援助の重要性

相談員の活動は、利用者のストレス解消や気分転換・問題の改善に役立っているという手応えがあり、相談員が来るのを待っている利用者もいて、存在が認められてきたと感じられた。一方、個々人の利用者と心理的な面に限定して関わっても、それには限界があると感じた。その理由は、利用者はネガティブなことでもポジティブなことでも、ホームの生活環境やケア、職員や他の利用者との関連で語るからである。利用者は不満を言う反面、ホーム生活の良さを積極的に探し出し、ホームや職員に肯定的な感情をもとうともしていた（小倉、2000）。このように、利用者の生活と心は一体であり、利用者はホーム環境や人間関係によって安心感や生きがいを感じたり、不安や不満も感じたりするのである。

このような利用者の様子から、利用者にとって最も重要なのは、周囲との関係をうまく作って自分の生活と心を安定させることと考えられた。生活と心の安定にはホームの生活環境が密接に関連しており、生活が安定しなければ心も安定しない。ホームの心理職としても、利用者の心理面と生活面の安定を同時並行してはかれるような関わりをすることが課題になった。

そこで、利用者がホーム環境のなかで生活面と心理面の両方を安定させて自分らしく生きていくことを生活適応とよぶことにした。生活適応をすすめることは利用者の課題であると同時に、そのサポートをすることは心理職相談員の重要な役割である。しかし、心理職相談員は、身体的ケアや衣食住など日常生活の援助はできないので、具体的にはどのような関わりができるのか。心理職相談員として利用者の生活適応をサポートをするにはどうしたら良いのか。心理職相談員の実践指針を求めて試行錯誤を重ねながら、先行研究のなかに手掛かりになる知見を求めた。

(5) 先行研究の知見と利用者の体験の理解

施設適応の研究では多くの知見が蓄積されている。そのなかで、筆者の実感に近いこと、納得すること、参考になることは多かった。適切な入居の準備教育（Kowalski, 1981；Grant, Skinkle et al., 1992）、地域生活に基準をおいた居住環境（外山、2001）、職員との十分なコミュニケーション（小笠原、1995）、共感的な人間関係（長谷川、1975；根本、1980；竹中、1996）の必要性など、筆者の体験からも納得できた。利用者が体験するネガティブな事柄についても納得できた。地域の暮しとの「落差」に苦しむこと（城・児玉ら、1999；外山、1999、2001、2002；外山・児玉、2000）、職員との関係では、職員の都合や事情で援助がすすめられ、管理される関係のなかで、遠慮や反発、圧迫感を体験している（竹中、2002；副田、1987；外山、2002）こと、利用者はこれまで自分が身につけてきた生活習慣や愛着の対象を失い（Wapner, Demich et al., 1990）、利用者の生きる意欲はしぼんでいく（外山、2001）ことなどである。

高齢者の可能性や意欲に関する指摘にも納得した。利用者は多くの可能性と自律・自立への希望や意志（小笠原、1995）をもち、残された時間のなかで新しい生き方を求め、新たな生活作りをしている（三浦・外山、2001）。

このような先行研究から、利用者は主体性やアイデンティティ、生活意欲を失う状況におかれやすいため、特養環境での生活適応にはさまざまな困難が伴い、細やかな援助が必要であることがわかった。利用者の生きる希望や意志を尊重して、新しい生き方や生活ができるような援助が求められていることもわかった。ホームでよく耳にする「残存能力の活用」・「生活の継続」・「自立支援」・「利用者中心」などの福祉の言葉も、心理実践の方向に参考になる視点だと思った。

これらの研究や実践の結果には納得したが、現場の実践に生かすことは難しかった。それは、どんなに研究結果を集めても、これらを有機的に全体的に位置づける援助体系の図式にまとめることが、筆者にはできなかったからである。知見を使ってみても、何のためにその援助をするのか、援助した結果は有効であったのかを判断をする基準がないので、実践の手応えが感じられなかった。

また、先行研究の指摘するように、利用者は主体性をもった存在であることは確かである。しかし、言葉だけでは抽象的で、主体性を発揮していている利用者像が浮かびあがってこない。福祉職には「利用者中心」・「残存能力の活用」などの言葉がある。これらの理念によって、ホームの職員の多くは利用者の主体性の実現をはかり、尊厳を守っていこうとしているのであろう。しかし、実際には、これらの福祉理念を、職員はどのように具体的場面に反映し、利用者と共有しているのかと疑問も感じた。職員は利用者に「説得するよりも納得してもらう」ようにしているが、利用者には命令と感じられるかもしれない。立場が違えば、福祉理念やケアの解釈も異なり、職員と利用者のずれが生じることになる。このように、ホームの現実から距離のある先行研究の結果や福祉の理念・言葉を参考にしても、生活適応を理解し、援助をする視点は得られなかった。

それでは、生活の現場に密着して、利用者の主観的体験から生活適応をとらえる方法があるのではないか。日々の関わりのなかで見聞きする利用者の話や行動が、ホームでどのように生きていけば良いのか、生活適応はどのようなプロセスをたどるのかを語り、どのような援助が必要なのかを示しているであろう。現場で得た資料に基づいた研究をすれば、その結果は利用者や現場の状況をよく反映し、問題の予防や改善にも役立つのではないかと考えた。

Ⅲ　研究法の選択

1. 質的研究法の特性を生かす

複雑で流動的な利用者の生活適応プロセスを理解するには、質的研究法が適していると考えた。量的な先行研究を読んで、生活のある部分を取り上げて正しい測定結果を蓄積しても、複雑で多義的な利用者の生活はとらえられない、と感じた。生活適応の研究では、利用者と職員との関係やホーム特有の背景、さまざまな生活背景と心身状態をもった人々の集団生活を取り上げることになる。不安定な健康状態や利用者自身の認識・感情に着目する必要もある。このような理由から、筆者は質的な分析をすることにして、利用者の話や行動観察・介護記録など言語化された質的データを収集した。

能智（2000）は、臨床心理学における質的研究法の有効性について、あるカテゴリーに属する人々の体験を整理したり、心理面・行動面の障害の背景要因を探索したりするのに役立つとしている。質的研究の特徴は、具体的な事柄の重視と、人々の行為や語りを文化的・社会的・時間的文脈のなかでとらえ、その人々が生きているフィールドのなかで理解する（やまだ、2004）点にある。このような質的研究の特徴は、日常生活を利用者独自の文脈でとらえようとする研究に合った方法だと考えた。

2. M-GTA の特性を生かす

質的研究法のなかで、臨床心理学で広く行なわれている事例研究と既存の概念・理論を用いる方法は、ホーム利用者の生活適応プロセスの研究には適さないと思われた。

事例研究の問題点：これまでも利用者の問題やケアについて事例研究や報告が行われてきた。そこでは利用者の生活史・パーソナリティ・身体の状況など個人特性に着目して問題をとらえ、援助の方針を考える傾向があった。その結果、どのような問題でも個人の特性に原因を求める傾向がみられた。実際には、多くの利用者は同じようなことを訴え、同じような問題が繰り返し起きていることから考えれば、ホームで起きる問題には何か共通するプロセスがあるはずである。

このような経験から、事例という個人レベルではなく、特養利用者の共通の問題としてとらえたほうが生活適応の援助には役立つと思われた。また、利用者の生活と心は生活環境と密接に結びついている。だから利用者の心に関心をもつ場合でも、心理だけに焦点を当てるのではなく、日常生活にまで視野を広げ、利用者と生活環境との相互作用を取り上げる必要がある（小倉、1997、2000、2004）。生活適応の援助をする際にも、問題を個人の責任にすると援助関係の問題が見えなくなってしまう。援助を効果的に展開するには個人ではなく、同じ状況にある人々の体験を取り上げることが必要である。

既存の理論や概念の問題点：既存の理論や概念を使うことについてであるが、精神医学や臨床心理学の普遍的・抽象的な概念を使えば、特養利用者の問題や施設適応に関するほとんどの現象を説明することができる。しかし、その理解や説明では現場の問題に対応するのは難しいと感じた。現場で日々問題になるのは、同室者の声が「うるさくて眠れない」・「トイレを流さない」などという具体的で日常的なことである。ホームの生活環境で介護を必要としている利用者が体験していることを、その背景から離れた抽象的な用語で説明しても、ホームの利用者が体験している問題に対応することは困難である。

生活の現場で起きる問題を改善するには、その現場で有効に使える視点・援助法が必要である。やはり、現場で得られたデータを使って理論を生成することが有効ではないか。臨床実践で実際に感じていることから利用者理解を深めて援助をしてみなければ、効果のある実践もできないのではないか。

M-GTAの特性：どのように研究をすすめたら実践に役立つ視点・理論を生み出せるのか。データは集まっても手探り状態が続いた。看護や高齢者ケアに関する論文や著書（木下、1989）を読み、M-GTAに関心をもった。なかでも、直接的な援助関係の相互作用プロセスを分析できること、実践してきたことを研究に結びつけられること、個々の事例ではなくある集団に属している人々を対象にできること、具体的で日常的なデータに密着した分析をすること、独自の概念と理論を作ることができることに関心をもった。このようなM-GTAの特色は、筆者の研究テーマや収集したデータに適した方法だと考えた。勉強会に参加して初歩から学びながら、研究をすすめることになった。具体的な分析過程は第5章で述べる。

3. データ

(1) 収集と種類

データは、1996年10月から1997年5月まで、ホーム実習生として利用者の話の相手をした時、1997年6月から12月まで修士論文作成の際の半構造化インタビューをした時、1998年4月から2003年3月まで非常勤心理職相談員として勤務した時など、約6年間に得たものである。

データの種類は、利用者とのインタビュー・相談室での面談・食堂や居室で行った日常会話や相談・入院や見舞いの際の会話・筆者による利用者の行動の観察・家族との面談や立ち話である。職員からの面接依頼書・職員への面接報告書・カンファランス資料・職員との口頭での連絡事項がある。介護や看護、福祉の職員によるケア記録・看護記録もある。福祉事務所からの連絡資料・措置連絡表とホームの事業報告書・ホーム便りなどがある。

修士論文（小倉、1997）を作成した時には、半構造化インタビューを40分から1時間半、1回から4回行い、利用者の許可を得て録音し、逐語的な資料を作った。インタビューでは入居の経緯・ホーム生活で嬉しいこと・辛いこと・驚いたこと・楽しいこと・困った時の対処法・ホーム生活で心掛けていること・ホームや職員をどう思うか・自分の特徴・家族・今後の希望・老いや死について自由に語ってもらった。多くの利用者はホーム生活について語りながら、いかに自分らしく生きていくか、生きているかを語った。

非常勤職員になって週2日から3日、利用者やホーム環境と継続的・日常的に関わったり、面接をしたりするなかで得られたデータもある。継続的な関わりができたので、利用者の感情や考え・行動の意味を本人に確かめたり、職員に尋ねたり、記録を参考にしたりするなど必要なデータを集めることもできた。

筆者の得たデータとケア記録とを比べてみると、はじめてケア記録を読んで知ったことは多いが、共通点も多かった。特に、問題のある利用者は、同じことを同じような表現で介護職員にも筆者にも訴えていることがわかった。このように、本研究のデータは日常的・具体的な生活の現場との相互交流のなかから得られたものである。

(2) 分析焦点者

本研究全体の分析焦点者は女性35名、男性5名の計40名である。はじめて分析焦点者と筆者が会った時、新入居であったのは16名、その他は入居期間は3カ月から19年8カ月、平均4.1年であった（2000年のホームの平均在園期間は5.1年）。40名の年齢は67歳から94歳で、平均83.6歳（2000年のホーム平均84.2歳）である。分析焦点者全体の入居年齢は62歳から94歳で平均81.5歳（2000年のホーム平均82.0歳）であった。60歳代で入居した分析焦点者も4名いた。入居の理由は、措置連絡表によれば3つ、4つあって、身体的理由と介護者がいないという理由のほかに住宅の困難・経済的な理由がある人がいた。

面接開始時の身体障害は脳卒中後遺症による片マヒ7名と、かなりの視力低下がみられる利用者1名・大きな声なら聞こえる利用者3名・35名が車椅子使用である。全員に高血圧・関節症・白内障など複数の慢性疾患や障害がみられ、糖尿病・パーキンソン症候群・緑内障のある利用者もいる。年齢相応の物忘れはあるが、認知症は目立たず、まとまった話もできる。日中は、ホームの方針もあって離床中心の生活で、食堂の手伝い・動物の世話・クラブ活動などなんらかの活動をしている利用者も多い。ホーム全体では要支援と要介護度1、2を合わせて28％、要介護度3と4と5を合わせて72％、中度以上の認知症利用者は65％と重い介護度の人が多い（2000年）。利用者全体のなかで、分析焦点者は比較的心身機能が維持された少数派である。ホームでは、毎年約25％の利用者が亡くなるので、筆者の勤務した6年あまりの間に心身機能が衰退したり、亡くなったりした分析焦点者も多い。

本研究では、臨床心理学でも社会的にも関心が高い認知症利用者ではなく、自立度の高い利用者を選択した。その理由は、まとまった話ができるというほかに、介護の現場では、まだ元気でしっかりした利用者が職員や他の利用者に攻撃的な態度を示したり、生活意欲がなくなったりする問題の解決や改善が求められていたからである。また、自立度が高い利用者達が施設生活のなかで何を感じ、どのようにして生活適応をしているのかについて、これまで十分に取り上げられていないと考えたからである。

第 2 章

特別養護老人ホーム新利用者の生活適応の研究

──‘つながり’の形成プロセス

I　問題――どのようにして、生活と心の安定をはかるのか

高齢期において、最も厳しい適応を求められることの1つに老人ホームへの入居がある（竹中、2002）。特に、施設に入居したての頃はこれまでの地域生活との違いや施設の人間関係の難しさに戸惑い、施設生活に不安や不満を感じることも多い。ホームの新利用者の場合も、「これから、どうしていけば良いのか」と悲観したり、心身の不調に不安を感じたりして、新しい環境になかなか馴染めないことがある。

しかし、不安や不満を感じたり、トラブルを繰り返したりしていても、利用者は1、2年のうちにその生活の場にふさわしい行動パターンを学習していく（竹中、1996）。主観的幸福感も、入居3カ月以後はその揺れ幅は減少して上昇するようになり、1年後には入居前の水準に戻っていく（西下ら、1986）。ホームの場合でも、ほとんどの新利用者が次第に安定した日常生活ができるようになることは、介護現場にいる人なら誰でも知っていることである。

このように、研究結果や介護現場の経験からみて、新利用者が施設生活に適応していくことは確かなようである。しかし、実際には、どのようにして新しい環境に落ち着いていくのかというプロセスは明らかになっていないのではないか。職員は新利用者が不適応になれば対応するが、大

多数の人が落ち着いていく過程は問題にしないし、いったん落ち着けばその過程を改めて振り返ることはあまりない。しかし、順調に生活適応が進むプロセスにいてもなぜそうなるのかを考え、利用者の体験からその過程を明らかにすることは、新利用者の生活適応の援助を行うためにも重要なことである。ここでは新利用者がホームの環境にどのようにして生活適応をしていくのか、そのプロセスを明らかにすることとする。

II 方法

分析焦点者・データの収集と種類

本章の分析焦点者は女性 34 名、男性 4 名で計 38 名である。2 つのグループあり、1 つは新利用者の女性 13 名、男性 3 名で計 16 名である。他のグループは、すでに入居している入居期間が 1 年から 20 年の利用者で女性 21 名、男性 1 名で計 22 名である。年齢は平均 83.4 歳で、ホーム利用者の平均は 84.2 歳（2000 年度）ある。会話可能で、日中は離床中心で役割や趣味など自分の日課をもっている人が多い。データは、第 1 章で述べたようにインタビュー・日常会話・面接・観察・ケア記録・福祉事務所の連絡表などである。

新利用者がホームに落ち着いたという判断は、新利用者の「ようやく慣れた」・「皆の名前と顔を覚えた」・「何とか暮らせる」などの言葉や、自分なりに日課にそって行動している様子、職員の「食欲・睡眠・気持ちが安定している。親しい言葉遣いになった」という評価を参考にした。分析方法はM-GTAを用い、第5章に実際の分析過程を示した。

III 結果と考察

M-GTAでは質的データの解釈をしながら分析をすすめるため、分析結果と考察をまとめて報告する。文中では、【　】に定義、'　'に概念、〈　〉にカテゴリーを示す。

分析結果の概要

生活適応プロセスを説明する4つのカテゴリーと10の概念を生成した。生活適応を理解する中心概念は〈主体的行動〉カテゴリーの'つながり'で、【利用者がホームの環境や人、モノとの間に安心して自分らしく生活できる関係を形成すること】と定義した。'つながり'が形成されるプロセスには、利用者とホーム環境とを結ぶ〈接点〉カテゴリーとして'つなぎ素材'と'かみ合う交流'がある。'つなぎ素材'には'生活史素材'・'ホーム素材'の2つがある。

利用者がホームとの〈接点〉を見出し'つながり'を作るきっかけになる〈体験〉カテゴリーには、'目的のある関わり'・'素材スパーク体験'・'思いに添ったケア体験'・'リリーフ体験'がある。そして、無理なく'つながり'を作るために利用者が自分の〈行動調整〉をするカテゴリーには'適度な距離をとる'がある（図1）（小倉、2002c）。

次に、具体的に生活適応プロセスを説明する。

1．'つながり'——利用者の主体的な活動

入居した頃の新利用者はホーム生活に慣れようとしても、予想もしなかったようなホームの居住環境や他の利用者の様子や行動に驚くことが多かった。そして、ホームには「慣れようにも慣れようがない」と不安になって、健康状態も不安定になりがちなため「このままでは、寝たきりになる」・「自分がおかしくなってしまう」怖れを感じることもあった。このような状況にあって、新利用者はなかなかホームへの生活適応をすすめることができず、自閉的になったり、心気的な訴えをしたりする場合もあった。一方、職員の態度や言葉が親切で、優しいと感じることもあり、ホーム生活に希望をもつこともあった。

新利用者Wもこのような状態が続いてホーム生活になかなか馴染めず、不安や不満をもって、筆者のところにたびたび話に来ていた。しかし、次第にホーム生活に安心感をもつようになり、生活も心理的にも安定していった。このようなWの事例から、新利用者の戸惑いや不安・不満

■図1　「つながり」形成プロセスの概念図（小倉,2002c）

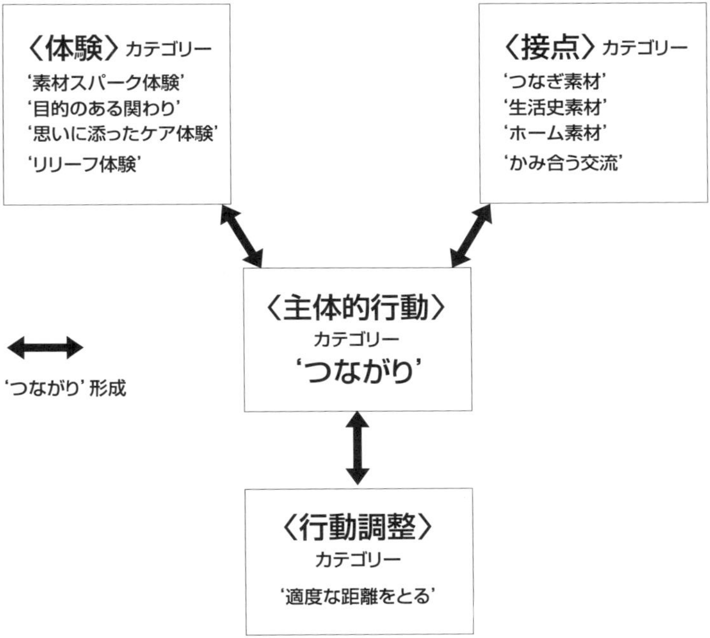

とホーム生活への希望や意欲が交錯する様子をみていくことにする。

(1) 不安・悲観から先行き安心感まで

馴染めないホーム生活――「慣れようにも慣れようがない」

入居1カ月後、「私としてはね、病院みたいなところじゃないかと思って来たんですけど、半身不随とか、何を言ってもでたらめな返事をする人ばっかり。皆聞こえないし、驚きましたよ。とんでもない所に来てしまった」と非常にショックを受けているようだった。

1カ月半では「鏡を見てびっくりしました。ここに来てひと月なのに顔が変わって、病人みたいな顔になった。ぼっとした顔の人とばかりいるから、何だかこの頃、自分がぼっとした感じがするんですよ。自分が重病人になったような気がして怖くなる」。「入る時は、もう家には絶対に帰れないと思って来たけど、ここには慣れようにも慣れようがないんです。帰りたい。でも、帰る家は絶対にない、でも、帰りたい。子どものような気持になってしまって自分でも本当に困っています」と目を潤ませることもあった。

一方、主任や居室担当職員が親切にしてくれ、「向こうから朝は『おはよう』と明るく挨拶をしてくれるし、みんなを笑わせてくれる。良い職員の顔と名前は覚えました」と何人かの職員を信頼し、親しみを感じているようだった。

周囲に働き掛ける――「何としても慣れて、ここにいようと思う」

2カ月すると「帰りたい、でも、帰る家はないのですからね、何としても慣れて、ここにいようと思うんです。自分が来たくて来たのだから。ぼけないように、ちゃんと生きていくには自分をしっかり取り戻してね。それには、話ができる人を探そうと思って、ここに『友達になってください』と書いて貼ったんです」と、ベッドサイドの壁を示した。陶芸や習字を始め、ボランティアの先生や他の利用者との交流の様子も話すようになった。

ホーム生活に対する安心感――「良くしてくださることがわかりました」

6カ月後に、「初めは寂しくて、自分を抑えられなくて、ほんとに、子どもみたいになってしまって。でも、皆さんが良くしてくださることがわかりました。楽しみも見つかりました。これからは、自分を寂しくしないように研究していけば大丈夫だと思います。良い人に友達になってもらって。それには自分がまず優しくないとね。皆と一緒にいればいろいろわかることもあるから、バスハイクに行ってきます」と言った。そして、「子どもがいても、もうおとなですから当てにはならない。諦めも肝心だし。家族と離れて、この年で新しく自分の生活を作るのは容易ではありません。でも、あまり落胆していては楽しくないから、自分を楽しくさせたいと思って。今度は本当に大丈夫です。先行きが安心になりました」。筆者が〈いろいろな良い関係ができましたね。それを大事にしていけば大丈夫そうですね〉と言うと、「私は丑年だから、初めは遅くて言いたいことも言えないのですけど、じっくり構えればやれるんですよ」と笑った。

(2) 生活適応を進める‘つながり’

はじめ、Wは「ホームには慣れようにも慣れようがない」、「とんでもない所に来ちゃった」とホームの生活環境を全面的に否定的にとらえ、「帰りたい」気持ちを抑えられなかった。それでも、ホームで「ちゃんと生きていく」ために、自分をしっかり取り戻そうとした。ホーム環境のなかで親切にしてくれる人や楽しめる趣味を見出し、それらを手掛りにしてホームに馴染んでいくようにした。「皆が良くしてくれること」がわかり、「自分も人に優しくしようと思う」。「研究すれば、自分を寂しくしないように生きられる。先行きが安心になった」と感じるようになった。このように、能動的に周囲と関わることによって、Wはネガティブだったホームとの関係を、自分を大切にして生きられるようなポジティブな関係へと転換させ、生活と心を安定させていった。

Wと同じように、はじめは、ほとんどの新利用者は落ち込むが、次第に環境と関わり始め、ホーム環境に馴染んでいく過程がみられる。1年半前に入った利用者は、これまでを振り返って言った。「はじめはわけがわかんないでね、いっそ家に帰ろうかと思ったくらい大変だったですよ」。「私の人生は安らかな時がなかったけど、ホームのいろんなことを覚えて慣れてね、それが一番がんばったこと。自分でも良くこれだけのことを覚えて、こういう団体生活に慣れたなあと思う。ホームに来て、ほんと勉強になりました。何と言われても耐えて、心を優しくしっかりもつことが大事。誰にも頼れないから職員さんを頼って助けてもらってね。私の人生でね、本当に辛いことは終わったような気がする。今は、OT（作業療法室）でのれんを作っている。これからよ、私は。まだまだやれるよ」と笑った。

このように、新利用者は身体的にも環境的にも制限のあるなかで、自分のもてるものを総動員して主体的・能動的にホーム環境との相互作用を行っていく。そして、自分を大切にして安心して生きられるようなホームとの関係を作って生活適応していくのだと考えられる。そこで、このような利用者の〈主体的活動〉を【利用者がホームの環境や人やモノとの間に安心して自分らしく生活できる関係を形成すること】と定義して、‘つながり’とよぶことにした。

‘つながり’は日常的で、ありふれた言葉である。しかし、新利用者がそれまで全く関係もなく馴染みにくいと感じているホーム環境との間に、ポジティブな関係を作ろうと工夫を重ねていく意思的で能動的な過程をとらえるには、適切な表現ではないかと考える。類義語には「絆・連繋・関係」などがある。しかし、‘つながり’のほうが生成的で動的な相互作用のプロセスや時間的な要素を表現している。生活適応プロセスの援助を考えるうえでも、‘つながり’というイメージがあると、利用者がホーム環境との間に自分なりに生きられる関係を作ろうとする主体的な生活者としてみえてくるのではないか。

次に、新利用者がどのように‘つながり’を作っていくのか、そのプロセスを説明する。

2. ‘つながり’の〈接点〉――‘つなぎ素材’

(1) ‘つなぎ素材’――‘生活史素材’と‘ホーム素材’

「ホームは障害者にも住みやすくできている」と車椅子をすいすいと動かしている利用者がいる。転んで、額に傷を作った利用者は「看護婦さんが、そりゃあ親切にけがの手当てをしてくれたから、早く治った」と感謝する。納骨堂や彼岸法要があることを知って、「納骨堂に入れば死んでも忘れられない。1年に1度や2度は頭も下げてもらえる」と思う。年中行事や陶芸・習字などを楽しみにしたり、「三食食べられて有難い」と思ったりする。

このように、新利用者がホーム生活の良さとして語るのは、バリアフリーの建物で自由に動けることや介護・医療・日常生活の援助が得られること、懐かしい事物が再体験できること、職員や他の利用者と交流ができることなどである。新利用者はさまざまな機会に、こうしたホームの良さを感じるモノやケア・人間関係を見つけ、それをホームと自分との〈接点〉にしてホームに馴染み、‘つながり’を作っていく。そこで、利用者とホームとの〈接点〉

になるモノやケアを【利用者とホームの環境とをつなぐ素材】として‘つなぎ素材’とよぶことにする。「素材」としたのは、あるモノやケアがすべての利用者の‘つなぎ素材’になるのではなく、あくまで〈接点〉になる可能性のある「素材」だからである。

‘つなぎ素材’には2種類ある。ひとつは利用者が生活史のなかで馴染んできたモノで、【利用者とホームとをつなぐ素材で、利用者の生活史のなかにあったもの】‘生活史素材’である。もうひとつは、ホームに入居したからこそ得られるモノやケアで、【利用者とホームとをつなぐ素材で、ホーム生活のなかにあるもの】‘ホーム素材’である。

次に、どのようなモノやケアが‘生活史素材’や‘ホーム素材’になるのか、新利用者はそれらをどんなきっかけで得るのかをみていく。

(2) ‘素材スパーク体験’から‘生活史素材’

新利用者はまったく偶然に‘生活史素材’を見つけ、一瞬のうちにホームとの‘つながり’を作ることがあった。

「Aさんに、『供養祭があるから行きましょう』って誘われたんですよ。そしたらホームはS宗ですってね。私もS宗なんです。引き出しの袋のなかにキー・ホルダーがあるから出してくれない。（筆者が取り出して渡すと）ね、これがそのお寺の写真なの、お守りになっているのよ。有難う、行って来るわね」と車椅子を動かして行った。供養祭が終わって戻ってくると、「良く知っているお経を聞いた。何か偶然を感じた」としみじみした表情であった。筆者がキー・ホルダーを財布につけると、とても喜んだ。

この利用者は、自分とホームの宗旨とが同じであることを偶然に知って、馴染みのある経も聞き、深く感じるものがあったようである。それまでは、自分とホームとは全く縁がないと思っていただけに、ホーム環境のなかでS宗という‘生活史素材’に出会い、自分とホームとの距離が一気に縮まった感じがしたのだろう。予想もしていなかった突然の出来事であっただけに、かえってホームとの‘つながり’を自然に受け止め、‘つながり’ができた喜び、安堵を感じたのではないか。このような一瞬のひらめきに似た体験を【偶然にあることがきっかけになって、ある素材が利用者とホームとをつなぐ素材になること】として、‘素材スパーク体験’とよぶことにした。

他の新利用者も、さまざまな場面で‘素材スパーク体験’を経験していた。ある利用者は「ホームの食事は口に合わない」と言っていた。ある日「私も主人も京都生まれ。主人は味にやかましく、私の料理は特別な味つけでした。ところがねえ、この間食べたホームのひじきの煮物だけは、私が作ったのと全部一緒だから驚きました。東京でも、こんなことってあるんですね。それから、献立を見るのが楽しみになりました」と言った。無口で抑うつ的な利用者は、ある日のおやつにアップルパイが出た時、「私、これが好きなのよ」とにっこりし、「ほうとうを食べたいと思っていたら、本当に出たので驚いた」と言う男性利用者もいた。

ひじきの煮物を喜んだ利用者は、それを食べた時、京都生まれの自分、夫に料理上手を褒められていた主婦・妻としての自分を思い出し、その自分の味がホームの味となっている驚きや喜びを感じたのではないか。利用者が生きた年月や社会的・文化的な象徴である煮物、それを今味わっていることでホームと自分との不思議な‘つながり’を感じたのだろう。そして自分という感覚を取り戻し、入居で途切れたと思った生活がまだ続いているという安心感、これからも続いていくのだという希望をもったのではないか。

ホームの庭に咲く四季の草花にふと目をとめて、故郷や思い出をよみがえらせる。ゼラニュームがベランダ一杯に咲いているのを見て、「母も育てていました。母と一緒にいるような気がします」と語り、キキョウを見て北陸の空と同じ色だと言う。思い出がある民謡や流行歌がホールに流れているのを聞いて、「越路吹雪の歌よ。懐かしい。テープは誰がかけたの」と尋ねる新利用者もいる。

このように、新利用者が‘素材スパーク体験’によって見つける‘生活史素材’は食物・草花・歌・宗教など日常的でささやかなものである。職員が特に意識して提供したものではなく、新利用者も‘生活史素材’を探していたわけでもない。それでも、新利用者は慌しく過ぎていく生活のなかで、ふとした瞬間に食物や草花に目を止めて、自分の‘生活史素材’として意味づける。

‘素材スパーク体験’の背景：‘素材スパーク体験’の背景には、新利用者のおかれた状況が影響していると考えられる。新利用者は慣れ親しんだ環境から離れた寂しさ、ホームでは親しめるモノや人がいない心細さ、これからどうなるのかという先行きの不安を感じている。このような状態にあって、新利用者は意識しなくても、少しでも馴染みのあるモノ、自分と関係のあるモノに敏感に気づき、‘生活史素材’として意味づけるのであろう。新規参入者という‘つながり’がない不安な状態が、ホームとの〈接点〉となる‘生活史素材’を探し出し、‘つながり’を作る動機を強めるのだと考えられる。利用者は地方出身が多く、子どもに呼び寄せられた人もいる。帰りたくても帰れない遠い故郷や、遠い過去につながる事柄は閃光のように新利用者の心や眼のなかに飛び込んでくるのだろう。

また、新利用者は長い生活史のある高齢者であるために、ささやかな事柄にも豊かな意味を与えることができるのではないか。利用者はそれまでもっていた健康・役割・家族などあらゆるものを失った人々（堀、1981）という見方もあるが、豊かな経験や感情までも失うわけではない。

長い人生で蓄積した豊かな経験に照してみれば、利用者は小さなことからも記憶や体験をよみがえらせ、新たな意味づけをして、ホームと自分との‘つながり’の〈接点〉にすることができるのだと考える。

このようにみると、‘素材スパーク体験’は、新利用者がそれまでの人生経験を再構成して、ホームで出会った事柄に新しい意味づけをしていく能動的な行動といえるだろう。この体験をひとつのきっかけにして、新利用者はホームと自分との‘つながり’を作り、ホーム環境に馴染んでいくのだと考えられる。

(3) ‘素材スパーク体験’から‘ホーム素材’

‘素材スパーク体験’によって、新利用者はもう一つの‘つなぎ素材’である‘ホーム素材’を見つけていた。ホームにはもともと多くの‘ホーム素材’となるものがある。日常生活の世話や食事・入浴・排泄の介助や介護、医療や看護・介護用品など、新利用者にとって欠かせないモノやケアである。

「朝礼の時、ホームの歌を歌った時に『……できうることは働いて』っていうところがあって、私は、歌の通りに暮せばいいんだ、とピンと来たんです。働くのは慣れているからできることをしようと思ったら、気持が落ち着きました。それから、布巾畳みとかいろいろなことをしました。無駄な電気を消したり、トイレの紙を取り替えたり、一日一善をしています」。「朝の体操で、第二の青春というところを聞くと、縮こまった心が広がるような気がします」。「ホームが嫌で淋しくて、泣いてばかりいた。ある時、職員さんに『役員をしてください』と言われた時、ああ、これでやっと自分も一人立ちできる、ホームで生きていかれるって思ったのね。私は若いから、皆さんのお世話ができるから。いろんな委員会に出ると、いろんな人に会えるし、皆の名前をいっぺんに覚えてしまった」。

新利用者はホームでの生き方や暮らし方に迷い、先行きに不安を感じる。そのような時に、ホームの歌の1節から自分の生き方が突然ひらめき、奉仕作業などの‘ホーム素材’を得たり、心を開放したりすることがある。役割という‘ホーム素材’を得て見違えるほど生き生きする人もいる。新利用者はホームや職員が予想しないような形でホームの生活環境のなかにあるモノやケアを‘ホーム素材’として意味づけ、ホームと自分との〈接点〉にしていく。

3. ‘つながり’の〈接点〉——‘かみ合う交流’

利用者とホーム環境を結び、‘つながり’を作る〈接点〉には2つある。ひとつは、先述したホームのケアやモノである‘つなぎ素材’である。他のひとつは、ホームの人々との援助的で温かい人間関係‘かみ合う交流’である。

(1) 人と人との‘かみ合う交流’

「ホームに入る前に、職員の岡さんが説明に来てくれた。入ってみたら岡さんの言う通りだった。入った日も、岡さんが『食事は食べられましたか』って聞きに来てくれたから、『食べられました』と言うと、『ああ、良かった』って。気にしてくれているんです」と、岡職員を信頼している。「小川看護師さんは『困ったことがあったら何でも言ってください』と気安く言ってくれる。薬が合わない時は相談すると、すぐに医者に聞いて返事をくれる」と言う新利用者もいる。

このように、新利用者は自分のことを気にかけ、大切にしてくれると思う職員を信頼し親しみを感じ、顔や名前を覚え、出勤日をチェックする。その人に用を頼み、相談ごとをするなど、職員との関係を〈接点〉としてホームに馴染み、‘つながり’を作っていく。このような【おたがいの存在や気持、考えを尊重し、伝え合える人と人との関わり合い】を‘かみ合う交流’とよぶことにする。

‘かみ合う交流’は、新利用者にとっていろいろな意味で重要である。‘かみ合う交流’によって自分の存在が大切にされ、関心をもってみていてくれることがわかる。日常生活でも職員に用を頼みやすくなり、問題が起きた時も助けてもらえると思うと心強い。ホーム生活や人間関係の情報も得やすい。このように、ホームとの‘つながり’を作る〈接点〉として、‘かみ合う交流’はきわめて重要である。

次に、新利用者が‘かみ合う交流’をどのような体験をきっかけにして作って行くのかを説明する。

(2) ‘リリーフ体験’から‘かみ合う交流’へ

半身麻痺の新利用者は、「私は若いのにね、2度も失敗して恥ずかしい。両手が使えれば、自分で始末できるけど片手だから(涙)。それで、勇気を出して頼んだの。そしたら、佐藤さんが全然嫌な顔をしないで、『体調が悪かったんじゃない。私がするから心配しないで』って。すごく臭いのよ、普通だったら嫌な顔をするのに、娘だってあんなにはできない。あの時のことは忘れられない」と言う。

被害妄想の同室者に「ブラウスを返せ、お菓子を返せ」などと、大声で責められていた新利用者がいた。「相手は病人と思おうとしてもね、そんなことを言われて悔しくて、悲しくて。これまでの私を知ってもらえたら、モノを盗むような人間じゃないってわかってもらえる。でも、それを証明する人はホームにはいないんですよ。子どもに迷惑をかけたら、ホームを出されたらどうしようって、飛び降りてしまおうかと思ったけど、でもそうすれば、やっぱり、と思われる。Bさん達がいつも慰めてくれたし、『大丈夫?　部屋をかえましょうか』と職員さんが心配してくれて助かった」。

新利用者は、他の利用者との人間関係のトラブルに巻き込まれたり、体調の不調に悩んだりすることが多い。ホームではよくあることなのであるが、ホーム生活をよく知らない新利用者は、自分だけが大変な失敗をした、トラブルメーカーになったと思い込む。誰に相談したら良いかわからないから1人で悩み、これからホームで生活していけるのかと不安が募る。

そのような時、職員や他の利用者が慰めの言葉を掛けてくれたり、苦しみを理解してくれたりすると「見ていてくれた。わかっていてくれたのだ」と救われる思いがする。問題が解決しなくても、自分を気遣い理解してくれるという人、大事にしてくれる人がいると思うだけでもほっとする。このような【困難な状況にある時、ホームの人の言葉や行動に救われたり、慰められたりすること】を‘リリーフ体験’とよぶことにする。そして、新利用者は‘リリーフ体験’の相手を自分に親切にしてくれる人だと意味づけ、信頼して話しかけたり、用を頼んだりしてその人との‘かみ合う交流’を作っていく。

(3) ‘思いに添ったケア体験’から‘かみ合う交流’へ

日常的な関わりのなかにも‘かみ合う交流’のきっかけは多い。「むくみがあるから、昼間も時々横になるように、と医者に言われているんです。主任さんは私が暑がりだからって、頼まないでもクーラーを入れて『よく休みなさいね』って、本当に良い人なんですよ」と感謝する。

「職員さんが私の話を聞いて、『わかるよ』と泣いてくれた、他人なのに泣いてくれた。食事を部屋まで持って来て、『ゆっくり召し上がって』と言ってくれた」と感激する利用者もいる。「銀行の手続きを早くしてくれて有難かった。おじいさんが残してくれた年金だから」などもある。このように、新利用者は、職員が自分の気持ちや要望を察してくれたり、気持ち良く確実に対応してくれたりすることに感謝し、その職員との‘かみ合う交流’を作っていった。そこで、日常的なケアのなかで【自分が特に望んでいるケアをしてもらえること】を‘思いに添ったケア体験’とよぶことにする。

新利用者は要介護高齢者ではあるが、自分でできることは自分でするようにしているし、ホームも新利用者の自立を支援する姿勢である。だから、新しい生活環境のなかで、新利用者は健康や私物・金銭の管理の仕方を新たに覚え、事務の手続きや身辺整理などもある程度は自分で処理していくことになる。しかし、新利用者だけではこれらの処理は十分にできないから、職員に援助を頼むことになる。このような時、新利用者は自分が頼んだことを職員がきちんとしてくれているのか、いつどんな結果が出るのか、と気をもむ。銀行の手続きがすんだのかどうか、それをどの職員に確かめれば良いのかと迷う。聞けば、しつこい人・自分のことばかり考えている人と思われないかという心配もある。このような葛藤を感じている新利用者にとって、黙っていても自分の気持ちを察し、気持ちよく対応してもらえる‘思いに添ったケア体験’は、非常に有難いことなのである。

(4)‘目的のある関わり’から‘かみ合う交流’へ

新利用者には、自分から職員や他の利用者に話しかけたり、車椅子を押したりする様子がみられた。「友達になってください」と書いてベッド脇の壁に貼る利用者もいた。タオルやエプロンを畳んだり、朝早く起きて食堂のカーテンを開けたりして、何か手伝いをしようとする新利用者もいた。これらの行動について、新利用者は「お役に立ちたい」・「恩返ししたい」・「話せる人を見つけたい」・「一歩下がって、お世話になりやすいようにしている」。また、「立てるようになりたいと思って」などと言う。

このようにさまざまな意図をもって周囲に働き掛けていくことによって、新利用者は周囲の人との‘かみ合う交流’やホームとの‘つながり’を作ろうとしていた。そこで、【利用者が積極的にある意図をもってホームの環境に働きかけること】を‘目的のある関わり’とよぶことにした。

心身の状態が安定した新利用者にとって、リハビリ室や作業療法室は多様な目的や期待をもって‘目的のある関わり’ができる場所になっていた。「年寄りには習字や絵なんかいらないと思うでしょう。でも、今度はこれを描こうとか、ここを直そうとか考えるのが楽しい。先生も良く教えてくださる」と絵画が生きがいになっている。「陶芸をして一生懸命に作るものに対して頭を使っていると、自分が普通の人間になった感じがする」・「手芸をしていると嫌なことを忘れる」などとも言う。このように、新利用者は、別のフロアの人との交流を楽しみたい、知的・身体的な刺激を受けたいなど多様な目的や期待をもって、リハビリ室や作業療法室に出掛ける。そこで、フロアとは違った‘かみ合う交流’を楽しんだり、‘つなぎ素材’となる趣味を見つけたりしていく。

新利用者が‘目的のある関わり’によって、親しい人間関係を作り、自分に合った介護などを求めていくことは、ホーム生活の様子を覚え、必要な介護・看護を得るためには欠かせない行動である。また、役割や仕事を得て、ホームのお世話になるという負い目を軽くしたい、ケアされるだけではない別の面も示したいという気持ちもあるだろう。少し前までは、新利用者は地域で何とか生活をしてきたのであるから、ホームで生活全体を援助されることに違和感を覚えたり、自分らしさが失われる感じがしたりすることもあろう。そこで、‘目的のある関わり’によって役割や仕事を見つけ、自立的な自分を自分で確認し、周囲の人にも確認してもらおうとするのかもしれない。

また、入居して2、3カ月が過ぎると、体調も回復して、新利用者のなかには入居前より元気なったと感じる人もいる。職員が忙しそうにしていると、自分にできることを探して少しでも協力しようという気持や、趣味を見つけて楽しく自立的に過ごしたいと思う気持ちも生まれるだろう。

しかし、入居当初は‘目的のある関わり’をしても失敗することが多く、特に親しい対人関係を作るのは難しかった。「浅草で小間物屋をしていた」と自己紹介すると「お喋り、自慢屋」と陰口を言われたり、同室者に「おはよう」と挨拶しても思ったような返事が返ってこなかったりすることもあった。車椅子をお手伝いのつもりで押したら「順番がある。手出しはしない」と叱られた。すると、新利用者は「ホームには悪意にとる人がいる」と怖れたり、「はい、そうですかって引き下がってきたけど、どうしてあんなふうに言われるのか」と悔しがったりした。

4.‘つながり’の安定化

(1) 無理のない‘つながり’——‘適度な距離をとる’

‘目的のある関わり’をして周囲に働き掛けても、否定的な反応が返ってくると、新利用者は自分のどこが間違っているのか、何が悪かったのかと戸惑い、人間関係の複雑さやホーム生活ルールのわかりにくさを痛感する。しかし、その辛い体験は、他の人と自分との違いを再確認したり、‘つながり’を早く作ろうとする自分の焦りを見直したりする機会にもなった。「友達になってもらいたくてもね、お世辞みたいなこと言うのではなくて、自然にしていたほうが良いと思うんです」。「誰にでも、普通に、平均に付き合っていくのが良いと思う」と考える。難聴であれば「耳が遠いから、うっかり返事をして変なことに巻きこまれては大変」と、いつも居室前のソファにいて周りの様子を見ている。このように新利用者は【ホームの人やモノへの関わり方を適切に調整すること】という‘適度な距離をとる’ことを意識的に始めた。そして、他の利用者との関わりが少ないリハビリや作業療法などの自分だけでできる活動から、‘つながり’を安全に作っていく新利用者もいた。

新利用者は職員との関係でも‘適度な距離をとる’ようになった。自分が要求の多い人やなれなれしい人と思われて、せっかく作った‘かみ合う交流’や‘つながり’が危うくならないように慎重になった。親しい職員であっても、どこまで求めてよいのか、本音を話せるか、いつ誰に何を言えばよいのかをはかる。また、職員のアドバイスにも‘適度な距離をとる’ようになった。「職員さんは『ホームで友達を作って』と言うけれど、私は社交性がないし。強がりで言うのではなく、人間は結局1人なんだなあと思うのです。仲間として平らにつき合うことや助け合うことは大切だけど、特に友達を作ろうとは思わないのです」と、自分の生き方や生活のペースを大事に守る。

ホームの様子がわかるにつれて、ホームの食事やクラブ参加にも‘適度な距離をとる’ようになった。食事に出されても食べたくないものは残し、ボランティアが運営するホーム喫茶で食べることもあった。ホームの行事やクラブにも疲れていたり、興味がなかったりすれば参加しなくなった。ある利用者は「最近は自由。自由を自分で作っている感じです」と言った。ホームの時間割りや日課に縛られた生活であっても、そのなかで少しでも自由になる部分を見つけ、自分に合った生活パターンを作れるようになったようである。

次第に、入居したころに感じたホームの生活環境に対する違和感や将来への不安、寝たきりになるなどの怖れは薄らいだ。認知症利用者や重病人・お別れの焼香に対する強い否定的な感情も和らぎ、そのような人々や行事を含めたホーム生活であることをありのままに受け止めるようになった。そして、焼香に出たり出なかったり、時には出棺を見送るなど、老いや死についても‘適度な距離をとる’ことができるようになった。

このように、新利用者は、ホームの環境のなかで馴染めないことは馴染めないこととして距離をおき、自分の体力や関心・自分の生き方に応じて、‘つなぎ素材’や‘かみ合う交流’を得ていった。「何ごとも矢部さんに聞く」とひとりの職員との‘かみ合う交流’に頼る人、あちこちに

‘つなぎ素材’や‘かみ合う交流’を作って忙しくしている人など、それぞれが自分にあった‘つながり’を作り、安定していった。

(2) ‘つなぎ素材’と‘かみ合う交流’とを結ぶ

‘かみ合う交流’を比較的早く得られる新利用者、なかなか作れない人、作ろうとしない人がいる。それでも、どの新利用者も 1、2 人の職員や他の利用者とは気安い関係をもてるようになった。‘かみ合う交流’ができると、親しくなった職員に用を頼んだり、自然に言葉を交わしたりできるようになった。リハビリや体操・クラブ活動・奉仕の共同作業に何度誘っても参加しなかった新利用者も、親しい職員や他の利用者が一緒であれば参加してみる気持になれた。定期的に参加していると、顔見知りも増えて仲間ができるし、定席もできる。その自分の席で、新利用者は周囲から存在を認められた自分や有能な自分を感じたり、人との交流に楽しみを感じたりするようになった。このようにして、新利用者はホームの環境のなかに自分なりの生活のリズムを作り、居場所を得て、精神的にも落ち着けるようになっていった。

‘かみ合う交流’ができた職員や他の利用者とは、新利用者は思い出や生活史、健康の不安やホーム生活の感想など個人的・内面的なことを語るようになった。ある利用者が職員のそばに来て、「おだまきがホームの庭にあったから驚いた。ここにあるなんてね、思わなかったから。東京に引っ越す時にも岩手の家の庭から持って来て植えた。近所の人にも分けてあげた。おだまきは岩手の花だから懐かしいね。ここの庭は大好き」などと語る。そして、上京したいきさつや自分が花好きであることを語り、庭の花に名札をつけたら良いなどと意見を言う。毎日、糖尿病の注射をしてもらう利用者は、看護師に自分の家族関係や将来の不安を語っている。「安田さんに『安楽死させて。オランダではしているのでしょう』と言うと、『そういうことはできないんだよ。がんばろうね』と言われる。安田さんは優しい、良い人だよ」と言う。

入居当初は、新利用者はおだまきのような‘生活史素材’を見つけても、それを語れる相手はいないし、個人的なことはうっかり言えないと警戒している。だから、‘生活史素材’を見つけても、新利用者ひとりだけの密かな‘つなぎ素材’になりがちである。しかし、‘かみ合う交流’ができていると、利用者は安心して自分の‘生活史素材’を職員に語り、ホームと自分との‘つながり’を自分も確認し、人にも確認してもらおうとする。毎日の糖尿病の注射が看護師と利用者の‘かみ合う交流’の場面となり、寂しい気持ちや死にたくなる思いを受け止めてもらえる機会となっていく。

このように、利用者は‘生活史素材’や‘ホーム素材’

を個々の‘つなぎ素材’で終わらせるのではなく、それらを‘かみ合う交流’という人間関係のなかに織り込み、ホームの人と共有していく。そして‘かみ合う交流’が深まると、職員や他の利用者が新利用者に「興味があるかもしれない」・「一緒に行かない？」と、声を掛けてくれることもあった。‘つなぎ素材’も増え、‘かみ合う交流’もうまく循環すると、新利用者は自分の存在が認められ、安心して暮していけるという手応えを感じることができるようになった。

5.‘つながり’と家族関係

ほとんどの新利用者は、家族に対する複雑な気持をもって入居したのであるが、ホームとの‘つながり’ができるようになると、少しずつ家族との関係も変化してきた。ホームも家族を行事に招待したり、「ホーム便り」を送ったりして、家族関係が疎遠にならないようにしていた。

家族が訪問すると、小遣いを貰えると喜んだり、好物を買ってきてもらって仲間の利用者に分けたりする様子がみられた。喫茶室で家族と一緒に食事をしている新利用者もいる。息子一家との同居がかなわず入居した利用者も、「子どもをいつまでも当てにしていてはいけない。今日、電話で、『私は何とかやっていけるから大丈夫。お互いにがんばりましょう』と言ったんです」と言う。

新利用者は、ホームでさまざまな家族を見る。菓子折りを置くとすぐに帰る家族、倹約するように注意する家族、外泊や旅行に連れて行く家族、こまごまと世話をする家族がいる。「子どもがいないから寂しい」と言っていた利用者は、「正月にショートステイに入る人もいる。家族がいてもそうなのね。気が楽になった」と言う。このようにホームとの‘つながり’を得たり、他の家族を見たりすることによって、次第に家族とのわだかまりを緩和することができるようになった新利用者もいた。

入居当時、「慣れようにも慣れようがない」と悲観的であった新利用者にも、ホームの日課に戸惑うことも少なくなり、親しい人間関係もできて、生活の面でも心理的な面でも落ち着きがみられるようになった。ほぼ1年のプロセスであった。

6. まとめ――生活適応プロセスと今後の‘つながり’の課題

生活適応プロセス：入居当初の新利用者は、ホームには「慣れようにも慣れようがない」と、ホーム環境に対しても自分自身に対しても悲観的であり、生活適応をすすめることができなかった。やがて、主体的・能動的にホーム環境と関わるようになり、ホームのモノやケア、人との間に新利用者が安心して暮らせるような関係‘つながり’を作り、生活を安定させ、精神的にも落ち着いていった。

このようなことから、新利用者の生活適応とは、利用者がホーム環境との間で主体的・能動的な関わり合いをしながら‘つながり’を形成し、自分に合った生活を作っていくことと考えられる。新利用者は心身のハンディキャップをもってケアの対象として入居してくるが、自分のなかにあるものを総動員して、新しい生活環境との相互作用を行い、自分とホームとの関わり合いをポジティブなものに転換していく。その過程で、利用者は生活の主体性を回復し、自分の心身を大切にしながら生きられるようになった。

今後の‘つながり’の課題：ほとんどの新利用者は、‘つながり’を作ることによって初期適応期を終わり、安定期に入っていく。ホーム生活に慣れ、‘かみ合う交流’も‘つなぎ素材’もすでに得ている。しかし、老いの過程にあり、集団生活のなかにあって、どのようにしてこれまでに作った‘つながり’を維持したり、新たに作ったりしていくかが課題になる。

新利用者のなかには、ホームになかなか馴染まず、不安や不満が強い人達がいる。‘つながり’ができにくい新利用者に、職員は積極的に声を掛けて話や訴えを聞いたり、趣味活動に誘ったりする。役割を与えたり、飲酒・喫煙を認めたりすることもある。ホームや職員はその人らしく生活ができるように積極的にいろいろな対応をするのであるが、後で酒量が増えるなどの問題になることがある。生活適応は入居から最後の時まで続くプロセスなので、いかに‘つながり’を安定させ、たえまなく作り続けるかが課題である。

7. 新利用者の生活適応の援助──‘つながり’作りのサポート

生活適応プロセスをすすめるものは、利用者の主体的・能動的なホームの生活環境との相互作用的な関わり‘つながり’である。このことから、利用者とホームとを結ぶ〈接点〉となるような‘つなぎ素材’と、ホームの人々との気持が通じ合う‘かみ合う交流’を提供して、ホームとの‘つながり’を作りやすい状況にすることが重要である。そして、利用者が「慣れようにも慣れようがない」という状態から抜け出す体験をひとつでも多くできるように援助していくことが必要である。

ホームには、もともと衣食住のサービス・介護や看護のサービス・福祉制度など多くの‘つなぎ素材’がある。だから、特別な‘つなぎ素材’を考えなくても、日々の日常生活の援助や介護・趣味活動などの場面で‘つなぎ素材’をていねいに提供すれば、利用者が自分であるモノやケアを‘つなぎ素材’として意味づけていく。

新利用者の多くが、職員との‘かみ合う交流’によって‘つながり’を作っていたことを考えると、‘かみ合う交流’を作ることが生活適応援助の基本である。職員はいつでもどの場面でも利用者との関係が‘かみ合う交流’になるようにすれば、利用者の‘つながり’は大いに促進される。

第 3 章

特別養護老人ホーム利用者のホーム生活に対する不安・不満の拡大化プロセス

――‘個人生活ルーチン’の混乱

Ⅰ 問題――なぜ、不安や不満が強くなるのか

第2章では、利用者がホームとの‘つながり’（小倉、2002c）を作ることによって、生活のうえでも、心理的にもホームに落ち着いていくという初期の生活適応プロセスをみてきた。ところが、初期適応期を過ぎて、ホームで自分なりに安定して暮らしていた利用者が、ホーム生活の不満や不安を訴えたり、生活意欲を失くしたりすることがあり、時には問題が大きくなることがある。介護現場では、このような一応安定期にある利用者の不安や不満への対応は、重要な援助的な課題となっている。

解決が難しい問題は、処遇困難の事例として、職員の視点から対応を検討することが多い（根本、1980、1990）。利用者の生活歴や性格・心身機能など主に個人の要因を取り上げて問題をみる傾向もある。介護現場での援助であるから職員の立場で検討することは当然であるし、個別的援助のためには個人特性を重視する必要もある。

一方、筆者が利用者の不安や不満を聞いていると、さまざまな訴えの奥には共通点が多いと感じた。小さなことがこじれてホーム生活全体に対する不安や不満に拡大し、多くの利用者が「職員は話を聞いてくれない、わかってくれない、してくれない」と同じような不安・不満をもっていた。このようなことから、筆者はホームでは同じような援

助関係の問題が続いていて、利用者は同じようなネガティブな経験を繰り返ししているのではないか、と感じた。利用者の不安や不満などは利用者の個人特性だけなく、居住環境、施設運営、スタッフとの相互作用の問題（根本、1980；竹中、1993）として検討する必要があるのではないか。

利用者とホームとの関係はどのようなプロセスによってネガティブになるのか。ホームとの‘つながり’が失われ、新たな‘つながり’が形成されない状況になっているのではないか。利用者の訴えからみると、職員との‘かみ合う交流’が失われているのではないかとも思われる。そこで、ここでは、ホームにいったん落ち着いた安定期の利用者が、ホーム生活への不安や不満を強めていくプロセスを、‘つながり’の視点で、特に職員との‘かみ合う交流’の視点から検討することにする。

Ⅱ 方法

分析焦点者・データの収集と種類

分析焦点者は初期適応が終わり、一応ホームに落ち着いた入居1年から20年の利用者で、ホーム生活に対する不安や不満・意欲の低下を示し、時には抑うつ・暴力・暴言がみられた女性利用者22名、男性利用者4名の計26名である。平均年齢は82.3歳（2000年度のホームの平均84.2歳）

である。身体障害は脳卒中の後遺症による片マヒ5名、目がかなり不自由な利用者1名、21名が車椅子使用者であった。まとまった話ができて、認知症は目立たず、食堂の手伝いやクラブ活動など役割や趣味をもって日中はほぼ離床して過ごしている。データは、第1章で述べた方法で収集した。分析方法はM-GTAを用いた。

Ⅲ 結果と考察

【 】に定義、‘ ’に概念、〈 〉にカテゴリーを示す。

結果の概要

利用者の不安や不満が強まるプロセスを理解するための中心概念は、【利用者が‘つながり’を形成しながら、自分に合った生活パターンを作って営んでいくこと】という利用者の〈主体的行動〉である‘個人生活ルーチン’である。‘個人生活ルーチン’はホーム生活の制約や身体的な制約のなかで、利用者が自分らしく生きられるように作ったささやかな生活秩序である。

利用者は‘個人生活ルーチン’を‘ふれ合いを続ける’などをすることによって〈維持〉しようとするが、‘新たな出来事’という〈身辺変化〉によって‘個人生活ルーチン’は混乱する。利用者は職員に援助を求めてその混乱に対処しようとするが、‘職員が決める援助の要否’などの〈職員ペースの援助〉と、‘思わぬ結果になる怖れ’などの〈援助を求める迷い〉、‘お任せ’などの〈援助関係の狭まり〉の悪循環に陥ると援助関係が行き詰ってしまう。すると、‘つながり’の再形成と‘個人生活ルーチン’の立て直しが困難になり、利用者は自分らしい生活ができなくなって不安や不満を強めていく（図2）（小倉、2005a）。

1. ‘個人生活ルーチン’——自分に合った生活秩序

(1) ‘個人生活ルーチン’のさまざまな場面

ホーム生活は、ホームの時間割にそって食事や入浴・就寝・リハビリなどが決められている。時間と日課が決まっているので、利用者は「ホームでは自由にならない」と言う。しかし、利用者の生活の様子を見たり、話を聞いたりすると、利用者はわずかでも自分の自由になる時間や空間、活動があって、その人独自の生活パターンを営んでいた。

ある利用者は半身麻痺であるが、車椅子を素早く動かし、あたりに目を配りながら、6つの食堂テーブルをぐるぐる回って、フロアの利用者約40名の食卓を準備している。「食堂のお手伝いが生きがいなのよ。職員さんが任せてくれるからね。11年間もしている。疲れるから、お昼の後、1時間は横になって休むのよ。2時ちょっと前に起

■図2　特別養護老人ホーム利用者の不安と
不満の拡大化プロセスに関する概念図（小倉,2005a）

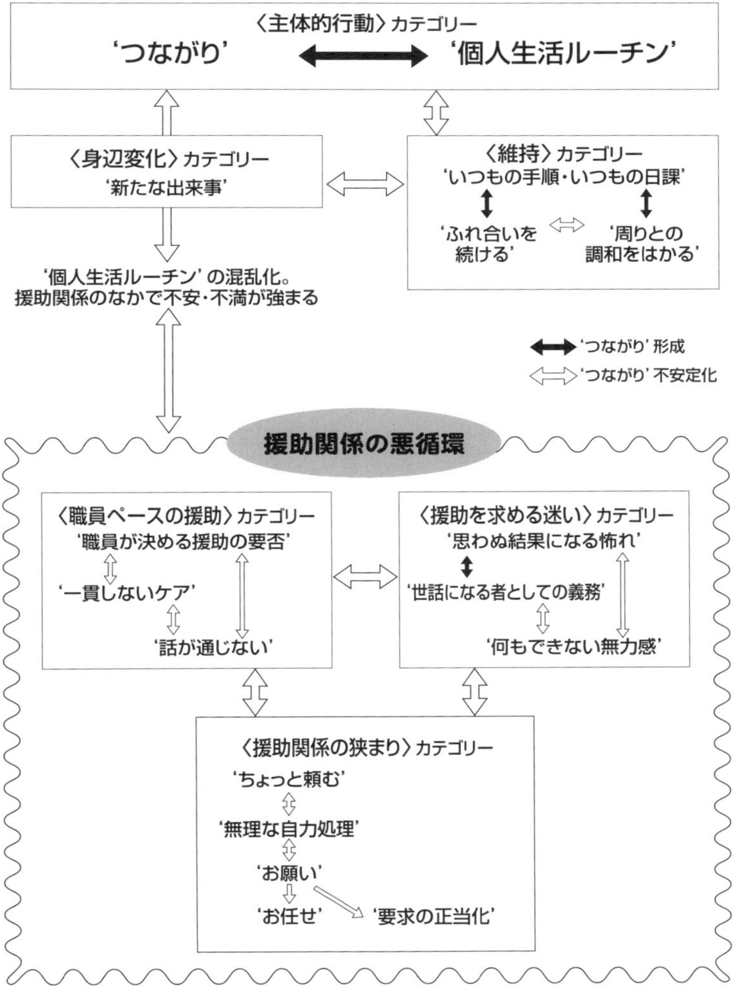

きて、2時半におやつの準備をするでしょう。4時半からは夕食のお茶を入れ始めると、食べ始める頃にはちょうど良いくらいに冷めるでしょ。お箸を使う人にはお箸、スプーンの人にはスプーンを置いていく。もちろん、ひとりひとりのことを覚えているわよ、ぼけてないもん。献立表を見て、お醤油がいるのか、ソースがいるのか考えて置いていく。忙しい時に、まわりをウロウロされるのが一番困るわけよ。わかんない人（認知症利用者）がお茶を勝手に飲んだりすると困ってしまう。夜、ベッドに横になると、ああ、今日もお役が無事にできたって、手足を伸ばすの」。この利用者は、食堂の手伝いを中心にした独自の生活パターンを営んでいる。

このように、心身機能が比較的維持されている利用者のなかには、食堂の手伝いや洗濯物畳みなどの手伝い、作業療法室での手芸などを中心にして生活を組み立てている人がいる。土曜日ごとに来るボランティアに刺身を買って来てもらうのを楽しみにしている人、心臓が弱いからとお風呂の後は横になる利用者もいる。鳥やウサギに餌をやり、毎日庭のお地蔵さんにお参りしたり、朝起きたらカーテンを開けて、向かいの丘に立つ団地を眺めたりする。

利用者には、ホームの時間割や集団生活という制約と、自分も心身機能のさまざまな障害を抱えているという制約がある。しかし、そのなかで自分の好みやペースにあった日課や手順を作り出し、自分なりに安定した生活を営んでいこうとする。この生活の営みは、初期適応期から身体的ケア・身辺整理の援助や、役割・娯楽などの‘つなぎ素材’を見つけ、‘かみ合う交流’という親しい人間関係を得て、ホームとの‘つながり’をひとつひとつ作り、自分なりの生活パターンを形成していくことである。利用者は在宅の要介護高齢者や若い世代の人達と比べて、生活を自分でコントロールできる機会が少ない。それだけに、ごく限られた範囲のことであっても、利用者が自由を味わい、心身を休めたりして自分らしく安定して生きていくためには、最も重要な営みである。そこで、このような営みを【利用者が‘つながり’を形成しながら、自分に合った生活パターンを作って営んでいくこと】と定義して、‘個人生活ルーチン’とよぶことにした。

‘個人生活ルーチン’は、利用者が自分らしさを大切にし、安定して暮すために重要な生活秩序であり、これまで‘つながり’を作ってきた努力の結果得られたものである。だからこの大事な‘個人生活ルーチン’を守るために、利用者はいろいろと気を使う。‘個人生活ルーチン’を保つ〈維持〉カテゴリーには3つの側面がある。

(2) ‘いつもの手順・いつもの日課’を守る

利用者は、【自分に合うように工夫した手順と日課を守り、生活の安定をはかること】という‘いつもの手順・いつもの日課’を守ることに熱心である。朝の食堂手伝いをする利用者には、定時に起きて、湯わかし器にスイッチを入れ、食堂のカーテンを開けるという手順がある。陶芸やタオル畳みをする時間を決め、栄養ドリンクを1日に1本飲む利用者もいる。ベッドからポータブルトイレに移る時、ベッドの枠や手すり、壁を一定の順序で利用し、ポータブルトイレの一部分に腰を下ろし、お尻をずらして座る。長さ60センチくらいの紙の棒でカーテンを引き寄せ、自分とトイレを隠すという手順がある。ウサギの世話係は、5時の夕食前に世話を終わらせるため、3時半にケージを掃除し、朝刊を床の敷き紙にする。他の利用者が「朝刊を読んでいない」とクレームをつけても耳を貸さない。

(3) 大事なものとの‘ふれ合いを続ける’

利用者は、【親しい人やモノ・役割・場所との接触を続けること】、‘ふれ合いを続ける’ことを心掛ける。利用者同士は「おはよう」・「元気」・「今日は寒いね」など親しい職員や仲間に声を掛ける。タオル畳みをする時は仲間の隣に座り、食べ物の交換もする。時間を決めて喫茶や喫煙コーナーに集まって話をする。テレビの「水戸黄門」が始まると、「おじちゃん、始まるよ」とテレビ仲間を呼びにいき、並んで見ている。自分の席に他の利用者が座っていたら、「そこはあんたの席じゃない」と立たせてしまう。食堂係は、風邪をひいても、骨折しても「気になって仕方がない」と、体が動けるようになるとすぐに役割に復帰する。

(4) ‘周りとの調和をはかる’

利用者は、【ホームの日課や他の利用者の生活と、自分が望むこととの折り合いをつけること】という‘周りとの調和をはかる’ことに気を使う。新利用者の時でも、周りの期待や自分の関心・体調に合わせて周囲との関係に‘適度な距離をとる’ことをしていた。安定期になると、職員の気持ちや立場、他の利用者の日課や習慣を理解して、うまく‘周りとの調和をはかる’ことができるようになった。

庭を散歩するのは自由であるが、職員が心配しないように「行ってきます」と「ただいま」と告げて出掛ける。食堂係が忙しい時は、邪魔しないように食堂に入らないようにする。職員が忙しい時間帯に排せつ介助を頼まなくて良いように、緩下剤を飲む時間を調節する。このように、職員や他の利用者の立場や仕事の流れを配慮して、‘個人生活ルーチン’を調整する。

このようにして、‘いつもの手順・いつもの日課’を守れば、生活の流れは一定になり、余分な神経やエネルギーを使わずにすむ。身体的・精神的に落ち着きゆとりができて、いろいろな活動や人間関係との‘ふれ合いを続ける’

ことができる。すると、仲間や職員といっそう親しくなり、助け合いや情報交換が活発になる。情報が豊かになれば、人間関係やホームの様子がわかりやすくなり、‘周りとの調和をはかる’ことが容易にできるようになる。ある利用者が「最近は、自分で自由を作り出している」と言うように、これら3つの側面がうまくかみ合っている時は、自分の生活をコントロールできていると感じられる。

変化に適応する力が弱くなった利用者にとって、毎日が同じように平穏に流れ、次に何があるかを予測できると安心していられる。‘つながり’が安定していること、‘個人生活ルーチン’が変わらないことが利用者の生活と心の安定を支えていると考えられる。

2.‘個人生活ルーチン’を崩す‘新たな出来事’

(1) 身辺に起きる‘新たな出来事’

‘個人生活ルーチン’は大切なものであるが、崩れやすいものでもある。食堂係は、夜になると「今日も役目が無事にできたとほっとする」。他の利用者は「朝は今日は何事もないようにとお天道様に拝み、夜は今日も無事でしたと感謝する」。それは‘個人生活ルーチン’のもろさを知っているからである。

利用者の身辺にはさまざまな変化が起きる。骨折・病気・エレベーターやトイレの故障・入浴順の変更・居室移動などがある。同じテーブルに新利用者が加わり、自分のことをわかってくれた職員がやめることもある。これら大小さまざまな出来事によって、これまでの‘つなぎ素材’や‘かみ合う交流’は保てなくなり、安定していた‘個人生活ルーチン’は揺らいでしまう。このように利用者の【‘個人生活ルーチン’を不安定にさせる身辺の変化】を‘新たな出来事’とよぶことにする。ホーム生活では‘新たな出来事’はしばしば起きる。

心身機能の衰退：‘新たな出来事’のなかで、‘個人生活ルーチン’を最も混乱させるのは心身機能の衰えである。どの利用者も次第に心身機能は衰える。まわりは気がつかなくても本人は敏感に感じとり、「前と全然元気さが違う。頭の感じも違うし、意欲が違う。手先の感度が違う」と言う。特に脳卒中、骨折など急激な変化は打撃を与える。「それまで自分でしていたことも、全部人にしてもらうのだから、手のひらがくるりと変わった世界にいるようだ」・「体が重荷で1日1日が辛い。死にたい」とも言う。このように‘個人生活ルーチン’は一変し、生きていく意欲も衰える場合もある。

徐々に心身機能が低下する場合でも、排泄や移動・入浴・着替え・私物の管理などに職員の援助が必要になる。利用者は‘いつもの手順・いつもの日課’を守ることはできなくなって、職員の時間や手順に従って生活することになる。また、利用者は疲れやすくなり、横になる時間が増えて、共同作業や親しい人達などと‘ふれ合いを続ける’ことができなくなる。このように、老いの進行によって心身の衰えという‘新たな出来事’が起きるため、‘個人生活ルーチン’は崩れていく。

生活環境の変化：居室環境の変化は大きな影響を与える‘新たな出来事’である。別のフロアへの移動や居室の移動があると、親しい人との‘かみ合う交流’や、役割などの‘つなぎ素材’を失う。親しい職員から離れる心細さ、モノのように移動させられる怒りや無力感を訴え「島流しにする。もの扱いする」と言う利用者もいたる。「なぜ、私が移らなくちゃならないの。やっと職員やみんなの気心が知れたのに。食堂のお手伝いもできなくなる。何年も、私に任せてもらっていたのに。朝の4時には起きてやってきたのに。やっと皆の気心が知れたのに。子どもはいないし、お父さんも死んじゃったし、皆は家族みたいなのに。私はもうおしまい。あんた達（管理職）は、私が憎いのか」と抗議する利用者もいた。

新利用者が、利用者の生活環境を乱すこともある。「S（新利用者）が来てから、食堂の雰囲気がいやーな雰囲気になって、食事が楽しくなくなりました。あいつは、ちょっとしたことで職員を怒鳴って家来のように呼びつける。職員は、『はい、ただいま』なんて飛んで行く。弱い人の世話は後回し、不公平です。怒鳴り声が聞こえると、私達はビクビクします。私はあいつより年上だから、死ぬまでこんな生活が続くのですね」と涙を流す。新利用者が夜中に袋菓子を食べる音・杖を倒す音・ひとり言などが「うるさくてたまらない。こっちの頭がおかしくなる」。「トイレに入って出てこない。私は向こうのトイレまで行かなくてはならない」と困っている利用者もいた。利用者は‘いつもの手順・いつもの日課’を守ることで、やっと生活の安定を保っている状態であるから、新利用者に‘個人生活ルーチン’を少しでも乱されると生活全体のバランスが崩れてしまうのである。

人間関係の変化：ホームでは、毎年利用者の25%は死亡し、職員の入れ替わりも多い。人間関係の変化という‘新たな出来事’は日常的に起き、親しい仲間や職員との別れもしばしばある。「ふざけて冗談言い合って、あんな友達はもうできない。何かにつけて、あの人を思い出す」と仲間を懐かしみ、突然仲間が亡くなった時には、「あの人が……」と言葉にならない。職員の退職・異動の時期になると、「ああ、また三月、嫌だねえ、別れの季節だ。わかっていても悲しい。あんた、やめないでね」などと言う。

このように親しい仲間や親切な職員との別れはホームではしばしばあることだが、その人にとっては、‘個人生活ルーチン’を支える重要な人々との関係、‘かみ合う交流’を失うことである。また、ホームでの人間関係の‘つながり’のもろさ、自分の死の近さを身にしみて感じる出来事でもある。

人間関係の悪化も‘新たな出来事’である。「あの人が入ってきた時、親切にしたのに、今じゃ他の人と私の悪口を言って、仲間外れにする」と怒る。人間関係が悪化したためにクラブをやめたり、食堂テーブルを移ったりする。居室移動に発展すると、それまでの‘個人生活ルーチン’の多くが失われる。同室者とのトラブルがあって居室にいづらくなり、昼間は居室の外で過ごしている利用者は、「昼間、横になる所がないから疲れる。自分が幽霊か、紙人形みたいにふらふらしている」と感じていた。狭い居住空間のなかで人間関係が悪化すると、利用者の‘個人生活ルーチン’は大きく崩れ、逃げ場もないので身体的・心理的にきわめて不安定になる。

生活指導：生活習慣についての生活指導が‘新たな出来事’になることもある。職員に「果物は太る原因になっているから控えてください」・「体に悪いから、煙草は1日3本にして」、「酒を飲むと大声を出すから、酒はやめるように」と指導される。

生活指導は、利用者自身や他の利用者の健康と生活を守るために行われるが、利用者にとっては、その習慣は‘個人生活ルーチン’を構成する重要な部分になっている。飲酒・喫煙・食堂手伝いの役割などは、新利用者の頃に不安や不満を訴えて落ち着かなかったため、特別な個別対応として認められた場合がある。利用者はこの個別対応を‘つなぎ素材’としてようやく‘つながり’を作って、‘個人生活ルーチン’を営んできた。しかし、酒量が増える・寝タバコをする・役割によって他の利用者を支配するなどの問題が起きることがある。

生活指導は、利用者が納得するような話合いやお願いの形で行われる。ホームの壁に「説得よりも納得」という標語が貼られているように、利用者の納得のうえで、生活指導をすすめようとする。しかし、職員がお願いの形をとっても、利用者や家族は強制や理不尽なことと感じて「健康のために果物を食べている」・「他の利用者のためにしている」・「自分達のことをろくに知らないくせに、余計なお節介だ」・「せめて菓子を持って来て喜ばせたい」と抵抗し、こじれた問題になることもある。

(2)‘個人生活ルーチン’の構造的なもろさ

‘個人生活ルーチン’を不安定にする‘新たな出来事’は多種多様で、ホームでは避けられないことが多い。老いの過程で利用者は入れ替わり、職員の顔ぶれも変わり、福祉制度やホームのケア方針も変化する。飲酒や喫煙などがどうしてもホームの生活に合わないことも明らかになってくる。このように、‘個人生活ルーチン’はもろいバランスのうえに成り立っており、外部環境からも利用者の内部からも崩され、押しつぶされていく。利用者は丹念に積み上げてきた親しい人間関係・楽しみや役割・日常生活の手順など、アイデンティティと生活適応の源泉であった‘つながり’や‘個人生活ルーチン’を失うことになる。

それでも脳卒中や骨折など目に見える大きな変化であれば、職員は、障害や病気に見合った援助を始める。その人にとっては辛い事態であるが、身体的ケアを中心にした密接な‘かみ合う交流’が始まったり、新しい‘個人生活ルーチン’に移行したりしていくこともある。反対に、‘新たな出来事’が小さなものであれば、利用者自身で対応できるから、一時的・部分的な混乱ですむ。しかし、いずれ心身は弱り、小さな変化にも自力では対応できなくなる。職員の援助が不可欠になり、利用者にとって職員との密接な援助関係の‘かみ合う交流’が何より重要になる。

3.〈援助関係の狭まり〉が始まる

利用者の‘個人生活ルーチン’が‘新たな出来事’のために混乱した時、職員に援助を求める。その時に、次のような悪循環が起きると、職員との‘かみ合う交流’は失われ、援助関係は狭く不自由なものになっていく。

(1) 援助を‘ちょっと頼む’

ホーム生活が長くなると、安定期の利用者にも腰やひざの痛み、家族の老いや死など外からはみえにくい‘新たな出来事’が増えてくる。こんな時、自分の体調や個人的な事情をよく知っている職員がいれば、気軽に声を掛けて、‘ちょっと頼む’だけで話は通じる。「腰が痛くて、30分以上は座っていられない。鈴木さんに『横になりたい』と言えば、すぐ部屋に連れて行ってくれる」。細かい注文をつけながら職員に湿布をしてもらっている利用者もいる。息子（70歳）が死んだため、「自分のお葬式を自分で考えなくては」と、信頼している事務職員に預金残高や葬儀費用を聞きに来る利用者もいる。このように気軽に‘ちょっと頼む’ことができる‘かみ合う交流’があれば、安心して援助してもらうことができる。

しかし、職員の入れ替わりは多く、‘ちょっと頼む’ことができるようになった職員も異動したり、退職したりする。担当職員の引き継ぎがあっても、利用者の微妙な体調や個人的な事情、大事していた‘個人生活ルーチン’など目に見えないことまでは伝えられない。新しい職員には‘ちょっと頼む’だけでは話は通じないから、初めから‘かみ合う交流’を作り直さなければならない。

ほかにも‘ちょっと頼む’ことがうまくできない場合がある。痛み・痺れ・寝不足感・人間関係の問題・音・臭いなどが外から見えないことが問題になる場合、‘ちょっと頼む’ぐらいでは、その辛さを職員にわかってもらうのは難しい。特に、比較的健康で自立的に生活してきた利用者はいつまでも丈夫な人・自分でできる人・がんばりやだとみなされる。自立的な利用者自身も気軽に援助を頼むことに慣れていない。普段からありのままの生活や心身状態を職員に知っておいてもらわないと、援助が必要になっても、‘ちょっと頼む’ことでは通じないのである。しかし、知っておいてもらっても、職員が変われば‘ちょっと頼む’ことはできなくなる。

(2) ‘無理な自己処理’をする

利用者は気軽に‘ちょっと頼む’ことができないなら【無理してでも問題を自分で何とか処理しようとすること】‘無理な自己処理’を選ぶことがあった。

半身麻痺であるが、「自分のことは自分でする」とリハビリにもがんばってきて、模範的利用者とされている利用者がいる。別の階に移動したので筆者が様子を見に行くと、「階が違うと、(洗面所の) 蛇口もこんなに高いんですよ。ほら、手を伸ばしてやっと届く。それに栓がきつい。トイレの手すりも今までの反対側なんです。慣れるには容易なことじゃない。〈本当に、こんなに違うのですね。水道の栓は直してもらいましょう〉。大丈夫です。前の部屋でも練習して慣れたから。〈その頃は立てたから。今は、無理したら危ない〉。仕方ないです。職員に面倒を掛けることになりますから、自分で何とかします」と言った。

Sが入居してから食堂の雰囲気が悪くなった、と苦情を言っていた利用者は「あいつの姿を見るのも、声を聞くのも不愉快。やつが食堂に来たら出て行くことにしました。〈食事の途中で？〉。そう、食べる気がしないから」と言う。

このような‘無理な自己処理’の結果、蛇口に手を伸ばした利用者は肩を痛めた。食事の途中でも食堂から出ることにした利用者は、体調を崩したり、怒りを抑え切れずSにつかみかかったりして、職員から利用者自身が問題視されるようになった。結局、‘無理な自己処理’をすると、利用者は身体的にも心理的にも負担を抱えることになり、かえって職員との関係も悪くなることもあった。反対に、‘無理な自己処理’がうまくいくと、利用者が困っている状態が見えなくなり、職員の援助がかえって得にくくなるという矛盾も生じた。

‘無理な自己処理’をする背景には、「集団生活だから、お世話になっているのだから、忍耐が大事」とする利用者の考えがある。ホームのケア方針や職員から「自立援助」ということをしばしば聞いて、「自分のことは自分でする」ことを自他に課していく。また、問題や要求の多い利用者とみられて嫌われないか、‘つながり’が危うくならないかと警戒する。職員の援助を当てにすまいとする利用者もいた。「職員に頼めば、有難う、有難う、と言わなくてはならない。してくれるまで待っていなければならない。だから、当てにしたら終わり。何でも自分でしようと思う」と自分を叱咤激励していた。

(3) 援助の‘お願い’

‘無理な自己処理’ができなくなると、利用者は職員に【困っていることを話し、援助して欲しいと頼む】‘お願い’をする。「腕の力が弱くなって、車椅子が重くてこげないから押してください」、「職員も言いなりにならないで、Sの怒鳴り声をどうにかしてください。弱い人の世話を後回しにしないで」などと‘お願い’をする。

利用者は‘お願い’をする相手や時期を慎重に選ぶ。自分のことを良く知っている職員や‘お願い’を聞いてくれそうな職員の勤務日を待つ。居室変更など重要な‘お願い’は主任に、日常的なことは「笑って教えてくれる職員」・「よく聞いてくれる職員」など気軽な‘かみ合う交流’ができる職員を選ぶ。‘お願い’をしても良い内容かどうかを、これまでのホーム経験から考え、仲間に相談したり、職員との関係を考えたりしてタイミングをはかる。‘お願い’がかなう場合も多い。「同じテーブルの人がひどい言い方をする。意地悪されると食欲がなくなるから、変えてもらった」とほっとしている利用者もいた。

入居当時と比較すると、利用者は‘お願い’をよく聞いてもらえなくなったと感じている。ホームに慣れると、生活の流れはわかっているし、自分でできることも多くなって、職員と話す機会が少なくなる。そして、決まったケアをあわただしくやり取りするような援助関係になる。自立度が高いほど、職員との交流は少なく、利用者の生活の全体像や抱えている問題、不安や不満は伝わりにくくなる。また、入居した頃とは制度やホームの雰囲気が変わって、利用者と職員との関係も変わることもある。それでも、‘お願い’をすることが少ないうちは、利用者は不安や不満をあまり感じないですむ。

4.〈職員ペースの援助〉をされる

‘お願い’をすると、利用者は‘職員が決める援助の要否’、‘一貫しない援助’、‘話が通じない’という〈職員ペースの援助〉の悪循環を経験することがある。

(1)‘職員が決める援助の要否’

‘お願い’をした時、【利用者は援助が必要であるかどうか、どんな援助をするかを職員が決めてしまうと感じること】‘職員が決める援助の要否’をしばしば経験していた。「車椅子を押して」と頼んだ利用者は、「そうすると筋肉が弱りますよ、ゆっくりでも良いから自分でしたほうが良いですよ、と言われて。泣きたくなりました」と言う。「私達の世話もして下さい。職員はSの言いなりにならないで」と頼んだ利用者は「主任に『私達は、全体のことを考えてしているんです』と言われた。私は全体に入らないんでしょうか。職員が考えていることがわからなくなった」と言う。臭いや物音に苦情を言うと、「共同生活だから仕方がない」・「思いやりをもって」・「うるさくて眠れないって言うけど、昨夜もよく眠っていましたよ」などと言われることがあった。

このように、職員に‘お願い’の採否を一方的に決められたり、‘お願い’をした利用者の考えが間違っている・思いやりが足りない・神経質だなどと言われたりすると、利用者は思い掛けない展開にショックを受ける。安定期の利用者には、どのようなケアならしてもらえるのか、どのような行動なら許されるのかなど、ホーム生活から得た知識や経験がある。その体験に照らして‘お願い’をしたつもりなのに、何かまずいことを言って嫌われたのではないか、職員が言うように自分が間違っているのか、どうしたら援助してもらえるかと心配したり、将来が不安になったりする。‘職員が決める援助の要否’の基準は何か、職員によって言うことが違うではないか、なぜ自分は叱られたのかと、わけがわからなくなった。

このようなことを繰り返し体験すると、利用者は「職員の言葉や態度には上下関係がある」・「世話する者と世話される者なのだ」と感じることがあった。‘職員が決める援助の要否’によって、利用者は職員とは身分の差・力の差があって‘かみ合う交流’ができないのだと感じ、援助を頼みにくくなった。そして、不安定になっている‘個人生活ルーチン’を立て直し、心身を安定させて暮らすことを困難に感じるようになった。

(2)‘一貫しない援助’をされる

もちろん‘お願い’が受け入れられたり、‘お願い’をしなくても職員が援助を始めてくれたりすることも多い。しかし、安心していると、【援助が説明もなく途切れたり、方針がその場で変わってしまうと思うこと】という‘一貫しない援助’を経験することがある。退院してホームに戻った利用者は「職員に、再発すると大変。自分で動かないでコールして、って言われたんです。でも、最近、コールしてもなかなか来てくれない。結局、自分で動いていますけど、食堂まで行っても大丈夫ですか。私はまだ病気でしょうか、治ったのでしょうか」と言う。

その場で方針が変わる‘一貫しない援助’もある。「腰が痛くて洗濯物を干せなくなったから、職員さんに言うと、『乾燥機を使えば良い』って。そうしてみたら、セーターが一度に縮んだ。職員さんに言ったら『じゃ洗濯場に頼めば良い』って言う。そうしたら、今度は洗濯物が戻らないことがある。戻った時は、引出しに何でも上から詰め込んでしまう。セーターの間に靴下があったりして、もうめちゃくちゃ。私は力がないから引き出しが重くて出せないし、自分では整理もできなくて、本当に困る。そう言ったら、職員さんは、『もう服のことは諦めて、職員に任せて』って。ひどいよ」。

ケアが不公平だと感じる意味の‘一貫しない援助’もある。「わがままな人、強い人の言うことは聞くのに、がんばっている私には声も掛けない」。「職員はものをくれる人には親切だ。『有難う』とお礼を言っているのが聞こえるよ」などと言う。

このように‘一貫しない援助’をされると、利用者は自分がどのように行動すればよいのか、どこまで職員の言葉を信じてよいのかわからなくなる。洗濯物干しという部分的な援助を求めたのに、衣服管理全体を任せることになり、‘個人生活ルーチン’はますます混乱してしまう。その混乱に対処するのは利用者である。

利用者は老いや死の接近を感じ、ケアを求める気持が強くなるほどケアの分配には敏感になる。コールに応じてどのくらいの速さで職員が来るか、風呂の順番はどうか、外出の誘いはどうかなど、じっと観察している。誤解や妄想的な想像をまじえ、ケアの公平・不公平をめぐって利用者同士の間に嫉妬や怒り・悲しみが渦巻くこともある。このように思うようにならない援助関係のなかで、利用者は‘無理な自己処理’に戻るか、もう一度事情を話して、きちんとした援助をしてもらうように‘お願い’をするかを選ばなければならない。

(3) 職員と‘話が通じない’

‘お願い’をしても、利用者は【職員は聞いてくれない、わかってくれないと感じること】‘話が通じない’経験をする。利用者は「私は話下手。田舎者だから、ちゃんとした言葉が使えない。職員を怒らせたら困るし、うまく話せない」・「何が言うと、職員さんに立て板に水のように言い返されて、何も言えなくなる」と、‘話が通じない’のは自分が話下手であり、職員の反応を気にするからだと思っている。

また、職員は忙しくて自分と話す暇はないと感じている。「忙しい職員を引き止めて話を聞いてもらうのは悪い。遠慮してしまう」。「第一、職員が周りにいないですよ。自分のところに来ても用がすむとさっと行ってしまう。話す暇なんかない」。「主任が、『T さん、元気』って言うから顔を上げると、もう 4、5 メートル先にいる。飛び回っているんですよ。この間も、バケツ（おむつ用）を持って部屋から飛び出して来たから、ぶつかりそうになった」と苦笑している。このように忙しい職員と話をしたり、用を頼もうとしたりする時、利用者は「職員さんをつかまえる」と言う。「話したいことが溜まっているから、やっとつかまえた時には、職員さんが行ってしまわないうちに話そうとして焦る。この間も、1 つ話したら、『わかりました』って、さっと行かれてしまった」。

‘話が通じない’理由は職員の忙しさ・仕事の多さや重要さに比べたら、利用者の訴えや‘個人生活ルーチン’は些細で個人的なこととみなされがちなためでもあろう。本人以外には‘個人生活ルーチン’は見えにくく、他の人は‘個人生活ルーチン’というものがあることさえも気がつかないのかもしれない。

外から見えにくく個人的な‘個人生活ルーチン’について、困っていることを職員に理解してもらうのは困難である。利用者はみえにくい事柄をこと細かく、わかりやすく説明しなければならない。‘個人生活ルーチン’というものがあって、自分には大事なのだということをどう説明することができるだろうか。忙しい職員をつかまえていて良いのか、わがままと言われないか、と気にするほど利用者は萎縮し、しどろもどろの説明になる。話は途中で打ち切られ、痛みは「年のせい」、人間関係の問題は「思いやりをもって」、洗濯物が行方不明になれば「大勢いるから仕方がない」と処理されることもある。医療でも「私が悩むと、医者は『無の気持でいなさい』と言う。人のことだから言える。人間には神経があるから考えてしまうのです」と思うが、黙って引き下がる。

やがて、利用者は職員とは‘話が通じない’という思いを強める。「わかってもらうのは無理。わかってもらおうとすると、自分が苦しい思いをする。どんなにしても、私には絶対に勝ち目はない」と話し合うことを諦める。

親しい職員ならわかってくれるだろうか。「あんまりいろいろ頼んで、主任さんを困らせると気の毒」と、頼りにしている職員との‘つながり’を大事にして、‘お願い’を控え目にする。

家族には言わない不満：利用者は自分の不安や不満を家族には言わないようにしている。「不満を言うとホームを出されるよ」と注意された利用者がいる。「不満を聞かされるなら、もう面会に来ない」と言われた利用者、「息子は愚痴を聞くのが嫌い。だから、だから私は言わない」、「子どもに自分の悩みや悲しいことを話すと、子どもが苦労する。だから、楽しく暮らしていると表情に出すんです。子どもは体が弱いし、孫は受験生だから、私のことで心配を掛けたくない」と言う利用者もいる。不安や不満を言えば、子どもを困らせ、悲しませ、嫌がられることを利用者は十分に知っている。

家族は職員が考えている以上に施設に負い目を感じているようである。「母は甘えているんです。修行が足りなくて困ったもの。申しわけありません」と恐縮する。また、実際問題として長期入居になると、家族は利用者の生活や体調・気持にうとくなって、どのように援助したら良いのかわからなくなる。家族の高齢化や世代交代が進み、面会の回数も減っていく。

こうして家族がいる利用者もいない利用者も、‘話が通じない’としても職員との‘つながり’を作り、それを唯一の頼りとして‘個人生活ルーチン’を立て直すほかはない。

5.〈援助を求める迷い〉の深まり

援助関係が〈職員ペースの援助〉になってしまうのは、職員の態度や言葉だけでなく、利用者が援助を求めることへの負い目や不安など〈援助を求める迷い〉を感じているからでもある。〈援助を求める迷い〉が生じる過程には、次の3つの側面がある。

(1)‘世話になる者としての義務’を 感じる

利用者には、【利用者は、ホームに感謝し、不満を抑え、自分のことは自分でするように努力すべきだということ】‘世話になる者としての義務’がみられる。入居前から、利用者は「1人では生きられない」と感じ、入居日には「お世話になります。よろしくお願いします。教えてください」と挨拶する。しばらくすると、「何か手伝えることはありませんか。恩返ししたい」と自分にできる手伝いを探し始める利用者もいる。

「職員は忙しいのだから、用事を頼んで、忙しくさせては気の毒」・「職員のすることに苦情を言うのは、感謝や忍耐が足りない」と利用者同士で言い合う。「できることは自分でする」・「わがまま言わない」・「問題を起さない」など利用者間で暗黙のうちに共有している集団のルールを学び、従っていく。やがて、自分が忍耐していることは皆も忍耐すべき、皆が忍耐しているから自分も忍耐すべきという‘世話になる者としての義務’でお互いを縛ってしまう。世話になる負い目や弱い立場、自尊心の傷つきにどのように対応するかは、利用者が常に抱えている問題である。

ある利用者は、手に大きな膏薬を貼ってウサギの餌にするニンジンを何本も切っている。〈かたそうですね。手が痛くなりませんか〉と聞くと、「職員は忙しいから、これ位はしなくては」と言う。被害妄想の利用者に「泥棒と言われても、私が我慢すればすむことだから、ことを荒立ててはいけない。文句を言えば、職員さんを困らせる」と言う利用者は、「毅然とした人」と言われている。

このように、‘世話になる者としての義務’を果たすことで、利用者は職員や他の利用者から一目おかれ、職員との‘つながり’も作りやすくなるし、世話になる負い目も軽くなるようである。要介護高齢者というきわめて同質的な集団のなかで、自分の存在を示したり、しっかりしていることを証明したりする手段にもなっている。

しかし、心身が弱くなって、本当に援助して欲しくなった時、忍耐や頑張りを認められて作った‘つながり’は、役に立たないことが多い。ありのままの生活をわかってもらえていないからである。むしろ、がんばりや・自分で何でもしたがる人、という周囲のイメージは容易に消えないし、利用者自身もそのイメージを失いたくないから、気軽に援助を求められない。

(2)‘思わぬ結果になる怖れ’を抱く

利用者には、【援助を求めると、思いもかけない結果になると怖れること】という‘思わぬ結果になる怖れ’がみられる。前述したように、「『車椅子を押して』と職員に頼んだら、『筋肉が弱りますよ。ゆっくりでも自分でしたほうが良い』と言われた」、「『S の言いなりにならないで』と頼んだら、『私達は全体のことを考えてしているんです』と言われた」。このように、利用者が‘お願い’をすると、車椅子の操作は筋力トレーニングになるとアドバイスされ、ケアについて要望を言うと、職員の仕事を理解していないという注意を受けた。

このように、利用者は職員と話をしても自分の気持ちや考え・要求をきちんと聞いてもらえなかったり、理解しないで〈職員ペースの援助〉で対応されたりすることがあった。すると利用者は、「言わなければ良かった、言って損した」と後悔し、「うっかり言えない」と職員に不信感や警戒心をもつようになった。他の利用者に「余計なことを言うからだよ。自分の頭のハエだけ追っていれば良いのに」と笑われることもある。

こうして〈援助を求める迷い〉が深まり、利用者が本音を言わなくなると、さらに‘話が通じない’ことになり、いっそう〈職員ペースの援助〉が強まるという悪循環になる。利用者は職員と話をすることが「怖い」と思うようになり、「職員は聞いてくれない、わかってくれない、してくれない」という利用者の不安や不満も強まっていく。

(3)‘何もできない無力感’が強まる

新しい同室者や居室移動という‘新たな出来事’によって、利用者の‘個人生活ルーチン’を乱されることはたびたびある。これらの‘新たな出来事’はホームの都合によって起きたことである、と利用者は思う。それなのに、そこから起きた問題に援助を求めれば「集団生活だから」・「病人だから仕方がない」などと〈職員ペースの援助〉をされる。職員との関係が悪くなったり、自分のほうに思いやりがないと言われたりして、自分が苦しむことになる。利用者が自分らしい生き方を考え、援助を求めたり、要望を言ったりするほど職員と自分の距離は広がり、気まずい関係になることがある。

このようなことを繰り返し経験すると、利用者の〈援助を求める迷い〉は深まり、自分は何を考え、何を求めたら良いのかわからなくなる。「私は何もできないのに、考えたって仕方ない。考えないですよ。考えれば頭がおかしくなるだけだから。でも、考えないから頭が悪くなってしまった」。「なるようにしかならない。自分でこうしようと思うから悩む、諦めれば何でもない」。「退屈？　何かをしようとする気持があれば退屈になるけど、何も思わなければ退屈にはならない」という気持ちになる。

こうして、利用者は‘個人生活ルーチン’を立て直す意欲も自信も失い、【自分はホーム生活では何もできないと感じること】‘何もできない無力感’を強めていく。利用者は「ぼけたい。そうすれば親切にみてもらえる。そうしてもらえなかったとしても、わからないのだから」と言うことがある。‘何もできない無力感’を感じないですむ境地として認知症をとらえている。

このように、利用者は自分らしく生きようと考え、何かを感じ、求めれば〈職員ペースの援助〉や〈援助を求める迷い〉を経験して、‘何もできない無力感’が強まることがある。ホームとの‘つながり’感が薄れ、孤立した希望のない日々が続くと、周囲と交流する意欲も‘個人生活ルーチン’を再生する意欲ももてなくなる。

6.〈援助関係の狭まり〉が続く

利用者が‘かみ合う交流’、‘つながり’への意欲を失って生活意欲が低下すると‘お任せ’をしたり、あくまで職員に対抗する‘要求の正当化’をしたり、いずれも一方通行の援助関係を選ぶようになる。

(1) 職員に‘お任せ’

利用者は、〈職員ペースの援助〉や〈援助を求めることへの迷い〉の葛藤のなかで、‘何もできない無力感’を強めると、次第に自分らしさを生かして主体的に生きようとする意欲も衰える。ホームや職員がしてくれることを受動的に受け取って生活しようとする。「自分では何もできないんだから、お任せするほかないでしょう」・「自分でこうしようと思ってもなるようにしかならない」と諦めの気持ちが強くなる。こうして、利用者は‘何もできない無力感’のなかで【職員のするケアを受動的に受けて生活すること】という‘お任せ’を選ぶようになる。

そして、「体のことは遠慮なく頼み、後は一切諦めた。そうしたらさっぱりした」。「1日三食食べて、お風呂に入れれば良い」と、職員との‘かみ合う交流’やホームとの‘つながり’は食事や入浴など身体的なケアのやり取りに限定して、体と心を切り離す。

‘お任せ’をすれば、職員との意思や気持ちが通じ合う‘かみ合う交流’を求める気持ちも薄らぎ、失望することは少なくなる。主体的に生きる意欲が衰えれば、〈職員ペースの援助〉や〈援助を求めることへの迷い〉に悩んだり、苦しんだりすることもなくなる。ホームが決めたスケジュールとケアに従って生活するのは、要介護高齢者である利用者には楽な面もある。しかし、‘お任せ’をして、機械的・自動的に身体的なケアを受けて暮そうとしても、職員との援助関係自体がなくなるわけではない。むしろ、老いや病気が進んで心身が不安定になるほど、利用者は職員との‘かみ合う交流’を深め、その時々の状態や希望をわかってもらって、自分の変化に合わせた援助をしてもらう必要がある。

しかし、‘お任せ’で過ごしていると、利用者は職員との生き生きした関係を失って‘話が通じない’ため、自分に合った援助をしてもらえなくなる。すると、〈職員ペースの援助〉、〈援助を求める迷い〉は固定化され、‘お任せ’の生活を続けるほかはなくなる。こうして、利用者は‘個人生活ルーチン’の主体者ではなく世話される者となり、決まったケアを受動的に受ける生活に陥ってしまう。

利用者は、この状態を‘世話になる者としての義務’だと自分に言い聞かせたり、身体の世話をしてもらえばよいと割り切ろうとしたりする。「迷惑を掛けているのに、文句を言うのはおかしい」と言う。しかし、利用者は自分の独自性や主体性を抑えれば、どこかで後悔したり、思わぬ形で噴出させたりする。

「‘お任せ’をしている」と言う利用者は「職員にわかってもらうおうとしてイライラするより、自分のなかに閉じこもるほうが楽だと思ったんです。ひとりでいたから、自分の程度を落さなかったかわりに成長もしなかった。意気地なしなんです。職員に突っかかっていく人を馬鹿だなあと思うけど、でも羨ましい」と言った。普段、'お任せ'タイプの利用者は口数が少なく、おとなしくみえる。「お姉さん格」と言われる忍耐強い利用者は、ホーム生活についてのアンケートに、ある時は「ホームは百点満点、言うことなしの職員です」と答えたり、ある時は逆に「お風呂の順番表に私の名前がない。名前がないのは死人扱いだ。老い先が短いのに残酷なことをする。胸に刃物を刺されたようだ」と泣いて抗議したりして、職員を驚かす。

このように、'お任せ'をしている利用者にも自分らしさを生かして生活したいという願いがあり、それは抑えても抑え切れない。ホーム環境との生き生きした相互作用によって、ささやかなりとも自分に合った'個人生活ルーチン'を作り営んでいきたいのである。それができない状態に陥った時、職員との'かみ合う交流'を諦めて'お任せ'をしてきた自分は生活者として成長できなかったし、馬鹿にもなったと絶望感に襲われる。その思いを、職員にも皮肉をこめて過大な感謝の言葉として投げかける。

このようにみると、言葉も少なく生活意欲が低下したように見える利用者は、ホームとの'つながり'を作り'個人生活ルーチン'を営むという利用者の〈主体的行動〉が妨げられ、ホームにあっても自分らしく安心して生きられないことを訴えているのではないかと考える。

(2) ‘要求の正当化’を強める

何ヵ月、何年も同じような訴えを続け、言わなくなったかと思っていると、また同じような訴えを繰り返す利用者がいる。「医者が薬をくれなかったから、目が見えなくなった。あの病院に連れて行って医者に会わせて、薬を貰えるようにして」と訴え続ける。次々と新しい要求や苦情を言い出す利用者もいる。「手に力が入らない。食べさせてくれないと飢え死にする」と食堂で周りの人に聞こえるように言う。他の利用者が介護されていると、「そいつは自分でできることも職員にさせている。甘えている。職員が甘やかすからだ。自分でさせろ」と大声で言う。他の利用者に厳しくあたる利用者を職員が注意すると、「本人のためにしている。あんたは一部しかみていないんだから、とやかく言われる筋合いはない」とひるまない。

このように、利用者は自分の要求や行動は正当であると考えて、【自分の要求や行動を正当化して押し通そうとすること】‘要求の正当化’をすることがある。職員がたしなめたり、取り合わなかったりすると、「貧乏人だから冷たいんだ、嫌っているだろう」と非難したり、「ぼけたふりをすると、職員は来てくれるの。しっかりしていると思われないように、時々ぼけるのよ」と演技したりする。「甘えると、職員さんは怒らないで笑い出してしまう」と子どものような口調を使う利用者もいる。このように‘要求の正当化’は、職員への甘えや非難・暴言・演技・管理職への直訴・介護拒否などさまざまな形があり、執拗で激しい。

職員は何度言ってもわからない人だ・困った人だと思っても、忍耐強く話を聞いてなだめたり、理解を求めたりする。しかし、その強いエネルギーや実力行使に困惑し、時には仕方なく受け入れることもある。

‘要求の正当化’によって、利用者の要求が通ると、‘個人生活ルーチン’は安定したかに見える。しかし、それは、職員が仕方なくとった処置で一時的に安定したに過ぎない。周囲の人達から自己中心的な人、異常な人と思われ、「鬼婆」・「ライオン」・「(すぐ熱くなる) ヤカン」などとあだ名をつけられ、陰で笑われる。その利用者の生活や人柄の別の面を知っている職員や他の利用者は、‘要求の正当化’のなかにもっともな言い分があるとも思う。しかし、理解をしていた人達も、‘要求の正当化’が続くと、利用者を周囲の雰囲気を壊して、職員の仕事を妨害する人として敬遠するようになる。利用者は自分が大事にされていないこと、自分が嫌われて疎外されていることを感じて不安や不満を募らせる。「あんた達は、私を邪魔にしている」・「悪人と思っているだろう」と言ったりする。

‘要求の正当化’をすればするほど、利用者は孤立し、訴えに耳を傾けてもらえなくなる。職員との関わりを保つには、次々と不安や不満を訴えるほかはなくなる。‘かみ合う交流’が困難になるほど、‘かみ合う交流’を強く求めて不安や不満の形で訴え続け、それが、いっそう‘かみ合う交流’を困難にするという悪循環である。やがて、このような利用者は対応困難な利用者・援助困難な利用者・問題利用者とみなされるようになる。

このようにみると、‘要求の正当化’をしている利用者は、何とか職員との‘かみ合う交流’とホームとの‘つながり’を回復し、‘個人生活ルーチン’を立て直したいということを、不安と不満という形で訴えているのではないかと考えられる。

7. まとめ――不安・不満の拡大化プロセスと今後の‘つながり’の課題

不安・不満の拡大化プロセス：利用者はホーム環境との‘つながり’を作りながら、自分に合った生活パターンである‘個人生活ルーチン’を形成し、自分なりに生活適応をしていた。しかし、ホーム環境と利用者の健康状態は不安定なため、さまざまな‘新たな出来事’が起きて、‘つながり’が切れ、‘個人生活ルーチン’も崩れることがある。利用者は、職員の援助を得て、‘つながり’と‘個人生活ルーチン’の再生をはかろうとするが、援助関係は職員の判断が優先されたり、利用者に遠慮や不信感が生じるなど、〈職員ペースの援助〉や〈援助を求める迷い〉がある。利用者と職員との‘かみ合う交流’が阻害されると、〈援助関係の狭まり〉が悪循環に陥り、‘つながり’の再形成と‘個人生活ルーチン’の立て直しがいっそう困難になる。自分らしい生活適応ができなくなっていく過程で、利用者は不安や不満を強めていく。

このようなことから、利用者のホーム生活に対する不安や不満・意欲の低下は、職員との‘かみ合う交流’によって、ホームとの‘つながり’を作り、自分らしい‘個人生活ルーチン’を営んで生活していきたいという願いが、妨げられていることを、訴えているのだと考えられる。

今後の‘つながり’の課題：ほとんどの利用者は、不安や不満・生活意欲の低下を感じていたとしても、最後までホームで暮し続ける。その間、ずっと不安や不満を言いながら生活するのか、より能動的に周囲と関わり、自分なりに落ち着いた生活をしようとするのか。利用者の生き方が問われることになる。

生活適応には固定的な形があるのではなく、ホームの環境と利用者との相互作用によって展開していくものである。ほとんどの利用者は、ホーム環境との‘つながり’を作ってきたし、作れる人である。少数であっても親しい人間関係もできて、‘かみ合う交流’も経験している。不安や不満はなくならないが、それを抱えつつ、ホームとのポジティブな関わり合い、‘つながり’形成を、利用者はホーム生活の最後の日まで続ける必要がある。入居から最後まで利用者が生活適応のプロセスをたどれるように、職員もそのプロセスをサポートしていく役割があると考えられる。

8. 安定期利用者の生活適応の援助

(1) 生活の長期化に伴う援助関係の問題点

安定期の利用者はホーム生活に慣れているから‘つながり’形成は容易であると考えられる。しかし、実際は、さまざまな身辺の変化が起きて‘つながり’は切れやすく、‘個人生活ルーチン’も不安定になりやすい。その時、ホーム生活の経験の長さが不利に働いて援助を得ることが難しくなる場合も少なくない。援助が得にくくなる背景には、次の5つの要因が考えられる。

安定期の利用者は目立たない：安定期の利用者は特に問題も起さず、生活環境に溶け込み、目立たなくなっている。職員の関心を引くことも少なく、一定のケアを自動的にやり取りする関係になっている。利用者が自立しているほど援助関係は薄くなる。

生活の全体像が、職員に知られなくなる：ホームに慣れ、自分で処理する部分が多くなる。自立するほど、職員に実際の生活全体や問題、気持ちの動きなどを知ってもらう機会が少なくなる。

問題を訴えても、職員の解釈で処理される：入居期間が長いために、職員は利用者の生活や心身状態をよく理解していると考えがちになり、職員の解釈で問題を処理することがある。また、職員は安定期の利用者に対して、まだ自分でできるはずだ、自立や忍耐が重要だと考えて援助を控えたり、訴えを「また、あんなことを言ってわからない人だ」などと個人の特性を問題にしたりする傾向もある。

職員との意思の疎通が困難になる：安定期の利用者は、職員から声を掛けられることが少なくなり、問題があれば自分で言い出さなくてはならない。言語能力が低下すると、自分のことをよく知らない新しい職員に事情をうまく説明するのは難しくなる。老いが進み、援助を頼むことが多くなるほど、世話になる負い目を感じて本音が言えなくなる。

これまでの経験が役立たない：長期入居になると、これまでのホームでの生活経験や人間関係の蓄積がある。一方、ホーム生活の経過やその人なりの努力や人柄を理解してくれる人は少なくなる。福祉制度やケア方針、職員も変わる。利用者の知識や経験は役に立たないか、むしろ妨げになることもある。利用者は自分の無力さ、無価値さや援助関係のはかなさを感じて、生き生きした援助関係を作る意欲や主体性を失っていく。

以上のように、安定期の利用者の問題の特徴は、入居が長くなると、かえって職員との援助関係が限定的になり、利用者は‘個人生活ルーチン’を営む独自の存在ではなく、身体的ケアを受動的に受けるひとりの要介護高齢者になって、不安や不満をもつ状況に陥りやすいことと考えられる。

(2) 生活適応の援助——‘つながり’と‘個人生活ルーチン’のサポート

安定期の利用者が訴える不安や不満、生活意欲の低下を緩和したり、予防したりするためには、職員との‘かみ合う交流’が最も重要と考えられる。安定期の利用者は、老いが進んで体調が不安定であり、変化に対処する能力も低下している。職員は、日々起きている変化を含めて生活全体を理解する姿勢で、身体ケアや生活上の支援。精神的サポートなど多様な援助を提供していく必要がある。具体的には、次の視点が有用と思われる。

環境の変化を少なくする：利用者は生活の安定を何より必要としており、小さな変化にも大きな影響を受けやすい。老人施設では生活環境の変化は避けられないが、職員は変化を最小限度にし、変化が起きた時のケアを行なって‘個人生活ルーチン’の混乱を小さくすることが大切である。
利用者の訴えを、ホーム生活史をふまえて理解する：現場では、日々その場で判断しながらケアをすすめなければならない。しかし、利用者の訴えを聞く時は、身体的アセスメントや表面的な言葉や表現からだけでなく、ホーム生活史でどのような生活パターンや人間関係を作り、どんな楽しみや苦労、努力や意図があったのかを考え合わせて理解すると、利用者の心情や話の意味に敏感になることができる。

‘個人生活ルーチン’への気づき：問題の多くは、職員とのコミュニケーションが難しいことと関連している。職員が忙しいためもあるが、利用者の訴えが体調や人間関係など日常的なことであるため、職員には些細なこととして受け取られるためでもある。しかし、こまごましたプライベートなことが‘個人生活ルーチン’となり、個性的な生活となっている。些細なことが大事なのであって、それが失われると生活のバランスは崩れ、利用者には実存的な危機にもなる。

利用者は個別的な事柄が大事にされ、問題の経緯や自分の気持ちを理解し、自分のために具体的に動いてくれる時、ホームで安心して生きていけると感じる。介護現場では「傾聴」・「共感」・「コミュニケーション」の重要性が強調されている。ホームにおける「傾聴」・「共感」・「コミュニケーション」は、利用者が直面している‘個人生活ルーチン’の混乱に敏感になり、訴えに耳を傾け、辛さを理解し、柔軟に援助することと考えられる。また、処遇困難とされるような利用者の強い不安や不満を職員との関係を求める訴えとしてとらえ、ポジティブな関係性に転換していくことが重要である。

第 4 章

特別養護老人ホーム利用者の長期にわたる生活適応

――‘助け合って生きる’ことから生まれる‘つながり’

I 問題——どのようにして、‘つながり’を作り続けるのか

第2章では、ホームの新利用者がホーム環境との‘つながり’を作ることによって、ホームに落ち着いていくことが明らかになった。第3章では、いったんホームに落ち着いた利用者が、せっかく作った‘つながり’が切れて、個人生活ルーチン’の秩序も崩れ、援助をめぐって職員との関係が行き詰まり、ホーム生活に対する不安や不満を強めていくことが明らかになった。このように、ホーム生活では、利用者はホームとの‘つながり’を作って落ち着いている時もあれば、‘つながり’が切れたり、希薄になったりして不安が強くなることもある。その交錯のなかで生活適応をはかっていくことになる。

利用者にとって、ホームは最後の生活の場である。ホームにいる間はどのような状況になっても、‘つながり’を作り続けていかなければならない。平均的な入居期間でも4年あまり、‘つながり’形成は入居した時から最後の日まで続く営みである。

実際には、利用者はどのようにしてホームとの‘つながり’を維持したり、新しく作ったりしているのだろうか。5年、10年と長期にわたる生活適応をするために、利用者は人生の経験やホーム生活の経験を精一杯活用していくのだろう。利用者の生活はホームと職員によって支えられて

いるのではあるが、利用者の努力や工夫によって‘つながり’を保ち、生活適応をしている側面も大きいと思われる。そこで、ここでは、長期にわたって生活適応をするために、利用者がどのようにして‘つながり’を作り続け、生活適応をしていくのかを明らかにする。

Ⅱ　方法

分析焦点者・データの収集

分析焦点者は、初期適応期を過ぎて、2 年以上ホームで生活している女性利用者 24 名、男性利用者 3 名、計 27 名である。資料は、インタビューや日常的な会話のなかで、ホーム生活を安心して送るためにしている工夫や心掛けについて利用者が語ったことと、行動観察によって得たデータである。分析方法は M-GTA を用いた。

Ⅲ　結果と考察

結果の概要

【　】に定義、‘　’に概念、〈　〉にカテゴリーを示した。

長期にわたって‘つながり’を形成していくために、利用者は‘つながり’の〈展開〉カテゴリーである‘助け合って生きる’ことを心掛けていた、これは【ホームの人が互いにサポートし合って生きていくこと】である。‘助け合って生きる’ことは困難ではあったが、利用者は‘関わりを広げる’や’感謝と忍耐を忘れない’・‘日常から離れてみる’ことで、‘助け合って生きる’ように努力をしていた。‘助け合って生きる’ことで、利用者の‘つながり’は個人的なものから、より共同的・相互依存的で自発的・創造的な‘つながり’に展開していった（図3）。

1. ホームの人々と‘助け合って生きる’

(1) 他の利用者と‘助け合って生きる’

利用者は、入居時には「皆さんと仲良く」と挨拶し、役割やお手伝いをして他の利用者に関わろうとしていた（第2章）。その後の生活でも「仲良くしないとだめだよ。弱い人は助けなくては」など言っていた。このように、利用者はホームの人々と支え合っていく姿勢を基本的にはもっていた。

しかし、入居当初、利用者は他の利用者に冷たく反応されたり、認知症利用者のそばにいると、自分までおかしくなってしまうような 怖れを感じたりした（第2章）。ホーム生活を続けるうちに、親しかった利用者と仲違いをしたり、被害妄想のターゲットになったり、介護をめぐる競争相手になったりした（第3章）。このように、さまざまな形で、他の利用者は利用者の‘つながり’や‘個人生活ル

■図3　‘つながり’と‘個人生活ルーチン’の形成と展開の全体概念図（小倉,2006a）

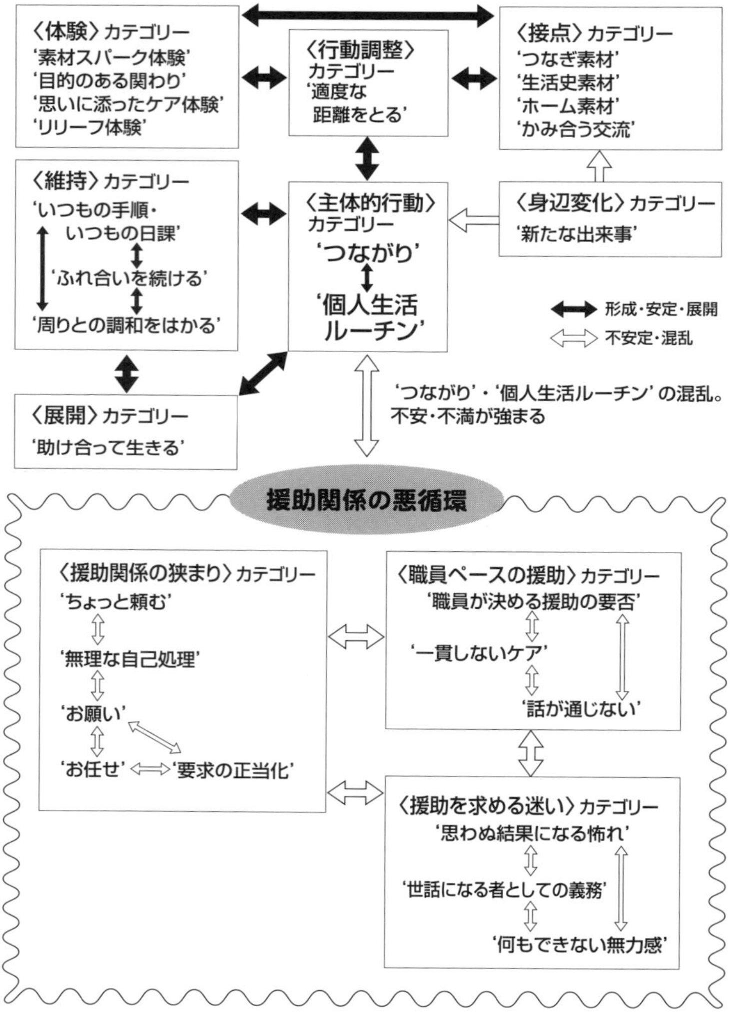
〈体験〉カテゴリー
‘素材スパーク体験’
‘目的のある関わり’
‘思いに添ったケア体験’
‘リリーフ体験’
〈行動調整〉カテゴリー
‘適度な距離をとる’
〈接点〉カテゴリー
‘つなぎ素材’
‘生活史素材’
‘ホーム素材’
‘かみ合う交流’
〈維持〉カテゴリー
‘いつもの手順・いつもの日課’
‘ふれ合いを続ける’
‘周りとの調和をはかる’
〈主体的行動〉カテゴリー
‘つながり’
‘個人生活ルーチン’
〈身辺変化〉カテゴリー
‘新たな出来事’
形成・安定・展開
不安定・混乱
〈展開〉カテゴリー
‘助け合って生きる’
‘つながり’・‘個人生活ルーチン’の混乱。不安・不満が強まる
援助関係の悪循環
〈援助関係の狭まり〉カテゴリー
‘ちょっと頼む’
‘無理な自己処理’
‘お願い’
‘お任せ’
‘要求の正当化’
〈職員ペースの援助〉カテゴリー
‘職員が決める援助の要否’
‘一貫しないケア’
‘話が通じない’
〈援助を求める迷い〉カテゴリー
‘思わぬ結果になる怖れ’
‘世話になる者としての義務’
‘何もできない無力感’

ーチン’を混乱させることがあった。

一方、他の利用者は、利用者と助け合って生きる仲間という側面も大きかった。入居して2年になる利用者は、仲間の利用者3人とずっとタオル畳みを続けている。毎日午後、乾燥室から大きなダンボールに入れたタオルがかなり大量に運ばれ、メンバーは食堂テーブルに集まって畳み始める。あるメンバーが手を伸ばして、ダンボールからタオルを引っ張り上げようとすると、他のメンバーが「Cさんは肩が痛いんだから、それは私がやるよ」などと言う。「そお、悪いわねえ」と言うと「いいよ、無理しちゃだめよ」と応えるようにしながら、作業をしていく。

このように、他の利用者と助け合って作業したり、一緒に食事をしたりしているうちに親しくなり、‘つながり’が作られていく。ある利用者は、このような利用者同士の助け合いを、「自分のことで精一杯な者同士が助け合うから有難いですよ。助けられる人も、助ける人も感謝なんですね。お互いに心が豊かになれます」と言う。さりげない日常場面で自発的に助け合っていくことから利用者の‘つながり’は強められたり、作られたりするのである。また、在宅ではこのようなサポート関係は経験できないことであり、ホーム生活の良さでもあろう。そこで、【ホームの人が互いにサポートし合って生きていくこと】を‘助け合って生きる’とよぶことにする。

利用者の生活適応の大部分は、衣食住の世話や身体的ケア・娯楽などホームや職員との援助関係で支えられている。しかし、利用者同士が‘助け合って生きる’ことから生まれる‘つながり’によって、利用者は「心が豊かに」生活していけるようである。体の不自由な者同士のサポートであるから、ごくささやかに‘助け合って生きる’のである。それでも、利用者は、「自分のことで精一杯の者同士」が自発的にサポートし合うことの有難さを強く感じている。

(2) 職員と‘助け合って生きる’

ホーム生活に慣れてくると、利用者には、職員とも‘助け合って生きる’ことを心掛ける様子がみられる。以前は、冷たく感じた職員の態度も「手間の掛かる年寄りばかりで、くたびれるんですね。無理もない」と思う。元旦に出勤して働く職員には「ご苦労さま」とねぎらう。職員に苦情を強く言った後、「あなたが若いのに、がんばっていることはわかります」と言葉を添えて、「職員を教育するのも、私達の仕事」と考える。入居当初、「ホームは亡者ばかりがいるところ。早く元気になってホームをお暇したい」と言っていた利用者も、「ここで働くことは、山で修行する坊さんぐらいに大変なこと。年寄りも世話する職員も皆、苦労しているんだから、愚痴を言わずに暮らそうと思う」と言うようになった。

このように、利用者は職員の働く様子を見ているうちに、職員も自分たちのために苦労しながら仕事をしているのだと思うことがたびたびある。そして、一方的にお世話になるという関係から、職員の気持ちや苦労を理解し、お互いに‘助け合って生きる’ことが大事であると思うようになる。

‘助け合って生きる’気持ちになるには1、2年のホーム生活の経験が必要である。入居当初から、ほとんどの利用者は「皆さんと仲良く」という姿勢をもっていた。しかし、はじめは、自分のことばかりを考え、自分の‘つながり’を作るのに懸命で、他の利用者や職員のことを考える余裕はない。ホームの人々のなかにも自分と同じような感情や欲求、孤独や葛藤があることには気づきにくい。また、気がついたとしても、その人にどう関ったら良いかもわからない。

2. 日常生活のなかで‘助け合って生きる’

(1) 他の利用者との‘関わりを広げる’

今ある‘つながり’を大事に

‘助け合って生きる’ために、利用者は、今ある‘つながり’を大事にして、それを他の利用者と共有しようとする。具体的には、気の合う人々との‘ふれ合いを続ける’（第3章）ことである。例としては、先に述べたタオル畳みの場面がある。作業療法室で手芸をしながら冗談を言って笑い、食堂テーブルではお茶をいれ、洗濯機や乾燥機が

「止まったよ」などと知らせる場面もある。テレビを並んで見たり、体操や検診、売店に一緒に行ったりする。喫茶コーナーでは5、6人のコーヒー仲間が時間を決めて集まり、そこには養護ホームや軽費ホームの利用者達も来る。体調が悪くて寝込んでいる時には、仲間の居室に見舞いに行って、「早く、食堂に出ていらっしゃい」などと励ます。悩みの相談をしたり、食べ物を分け合ったりもする。人間関係で悩んでいる時は慰め、励ます。このように、利用者は気の合った他の利用者と‘ふれ合いを続ける’ことで自分と他と利用者との‘つながり’を密接にし、お互いに‘助け合って生きる’ことができるような‘つながり’にしていく。

‘関わりを広げる’いろいろな場面

利用者は、それまで付き合わなかった人々とも交流を始めていくこともある。ある利用者は、認知症利用者に挨拶したり、微笑んだりして、「挨拶を続ければ、聞こえない人でも目で応えてくれるんです。わかんない人（認知症利用者）でもわかってくれる、可愛いもんですよ」と言う。このように、ホーム生活が長くなると、これまで避けていた他の利用者のなかにも通じ合える部分を見つけて交流の範囲を広げる様子がみられた。利用者はこのような行動によって馴染みの人を増やし、新しい‘つながり’を作り、互いの関係を強めていく。そこで、【利用者がホームの環境や人々との関わりの範囲を広げ、多様な関わりを通して相互依存的な関係にしていくこと】を‘関わりを広げる’とよぶことにする。

‘関わりを広げる’様子はほかにもあった。利用者には、衰えた利用者や亡くなった利用者への共感を深める様子がみられた。入居当初、利用者は重病人や死者に対して強い不快感や怖れをもっていた。しかし、ホーム生活を続けているうちに仲間が亡くなり、利用者自身も老い、重病人や死者に対する気持ちや行動も変化していく。75歳で入居した利用者は「以前は、昼間から何もしない人や横になっている人を怠けていると思っていた。でも、自分が90歳になって、その人達のことがわかるようになった」と言う。「皆も年はとりたくてとったのではない。年をとることは本人でないとわからない。老いの悲しみを、私はわからなかった」と言う利用者もいる。少ししか食べられない利用者がいると「がんばって食べなさいね」・「職員さん、食べさせてやって」などと声を掛ける。また、「100歳なら何をしてもよいし、何もしなくてもよい」と、自分より年長の人がいてくれるだけで心強く思うこともある。

親しい仲間のお別れだけでなく、あまり付き合いがなかった人のお別れにも出て行くようになる。「私達の時代は苦労が多かった。この人も、楽しいことよりも苦労したことが多いと思うと、手を合わせたくなる」と言う。争いが絶えなかった利用者が死ぬと、「あんなにコールを押していたのは、寂しかったんだ」と思う。「死んでまで、かたき同士でいるのは嫌だ」とお別れの焼香に行く。生前は毎日のように口げんかしていた他の利用者に対しても同じホームで同じ時間を過ごしたのだという思いが生まれてくるのだろう。老いや死は遠からず自分がたどる道である。他の利用者の孤独と自分の孤独との共感が生まれてくるのであろう。このように、自発的に‘関わりを広げる’ことによって、利用者は他利用者に共感したり、感謝したりすることも増えていくようだった。

共有できる‘つながり’

入居当初の‘つながり’の多くは、援助関係を通した職員との‘つながり’である。それは個別ケアを通した‘つながり’であるので個別的な色合いが強く、他の利用者と共有することはあまりない。時には、ある利用者と職員との‘つながり’が他の利用者の‘つながり’を妨げることになって、介護をめぐる競争を引き起こすこともある。それに対して、‘助け合って生きる’から生まれた‘つながり’は、利用者同士が応答することでできた‘つながり’なので、お互いに共有できる‘つながり’である。

このように‘助け合って生きる’ことによって、利用者は個人的で援助的な‘つながり’だけではなく、相互的・

共同的な‘つながり’も作れるようになる。もちろん、ホームや職員との援助関係の‘つながり’が生活の基盤である。しかし、他の利用者と共有する‘つながり’を作ることで、利用者は要介護者という面だけではない自分の存在を確認したり、他の利用者との交流を楽しんだり、共に生きる「心豊かな」体験ができるのだと考えられる。

(2) 常に‘感謝と忍耐を忘れない’

入居以来、利用者はホームや職員のケアに感謝し、信頼を寄せてきた。‘リリーフ体験’や‘思いに添ったケア体験’は、特に職員の配慮を感じる体験であったし、‘つながり’や‘かみ合う交流’もホームの人々への親しみや信頼関係によって形成されたものである。「ホームに入ったから元気になれた。生きてこられた。有難い」と思う。

しかし、長い間には感謝の気持ちやホームとの‘つながり’が薄れがちになることもある。このような時、利用者は何とかしてホーム生活に対するポジティブな気持ちを取り戻し、ネガティブな気持ちを抑えて、生活も心も落ち着かせようする。そのひとつが【利用者が意識的にホーム生活の良さを見つけて感謝し、不満は抑えて生活しようとすること】‘感謝と忍耐を忘れない’である。

感謝することを探す・感謝が自然にわく

感謝することを見つけようと努める利用者がいる。ある利用者は「私は感謝することを探しているから、感謝するところが10もある。健康なこと・ご飯がおいしく食べられること・お手伝いができること・ホームはお金が掛からないこと。迷いがある時は、瞑想をして気持ちをすっきりさせる」と言う。他の利用者が不満を言うと「感謝することを探しなさい。理屈で考えれば、感謝することはいくらでも見つかる。もし、ホームに入らなかったら、今はどうなっていると思うの」と諭すので、他の利用者は「あんた、悟ったの」と驚いてしまう。

感謝を探さなくても、ふとした時に、ホームの良さに改めて気づき、感謝の気持ちが自然に湧くことも多い。「私よりずっと若いのに、こんな有名な人が死ぬのね。周りの人はちゃんとみていたのかしら、可哀想に。私は月に一度は検診がある。有難いわねえ」とテレビニュースを見ながら言っている。台風の日でもいつものように食事は始まり、職員は元旦でも出勤する。職員研修会や防火訓練のアナウンスを聞くと、ホームの職員はよく勉強していると思う。ホームではテレビで見るような犯罪や災害はないし、もし、あったとしても職員が助けてくれる。「ぼけなかったのは、皆と話ができたから。家にいたら、昼間はひとり。ベランダに野良ちゃんが来るけど、話しかけてもニャーンって返事しか返ってこないからね」と、今まで健康で生きてこられたのはホームや職員・他の利用者のお蔭だと改めて感じる。

このように、日常生活のなかで感謝を探したり、感謝の念が湧いたりすることから、利用者はホームに対するポジティブな気持ちを感じ、‘つながり’を維持したり、強めたり、取り戻したりする。

自分のための忍耐

利用者は「良かれと思ってしたことが、ひどい言い方で叱られた」という経験をすることがある。車椅子を押したら「余計なお世話」、他の利用者の様子を心配していたら「自分の頭のハエだけ追っていれば良い」と言われたこともある。同室者が寝込んだ時、励ましたり世話をしたりしたのに、今は自分の悪口を言い、盗られ妄想で攻撃してくる。職員に何回も頼んだのに聞いてもらえないこともある。

このような時、利用者は不満や怒りがこみ上げる。そして、「皆、勝手なんだから。自分のことばかりしか考えていない」と思い、「ホームの人は信用できない」・「友達なんてできないし、いない」と思う。ホーム生活では、自分が‘助け合って生きる’ことを心掛けても、相手は裏切ると思う。

しかし、理不尽だと思っても他の利用者や職員への不満や怒りを表したら、自分のほうが忍耐が足りない人だと批判され、トラブル・メーカーとみなされるかもしれない。だから、悔しい時には、利用者は‘感謝と忍耐を忘れない’ことを思い出して、不満を抑え、苦情を言わないように自分を抑える。

そもそも、職員や他利用者には勝てないし、しっぺがえしも怖い。「何を言っても勝ち目がない。わかってもらおうとすると自分が苦しくなる」。「ここで暮らすには、難しいことを言うとわが身に返って来るんです。だから、何と意地悪なことをすると思っても、そうですかと引き下がっているのです」と言う。悔しくても、自分の身を守るためには忍耐をしたほうが安全である。

「ホームで大事なことは忍耐よ。毎日が忍耐の連続ね、忍耐できない人はだめ」・「口は禍のもと、口からだよ、憎まれるのは」・「何を言われても耐えることですね。嫌なことは心に納めて、不満を言わないことです」と言う。このように、どの利用者もホームでうまく暮らすには、「我慢」と「余計なことは言わないこと」・「文句を言わないこと」ときっぱりと即座に言う。ホームは最後の場所であるのだから、自分の身を守り、‘つながり’を保つには不満や怒りに耐えなければならない。

皆のための忍耐

‘感謝と忍耐を忘れない’理由は、自分の立場や‘つながり’を守るためだけではない。ある利用者は、「私が不平や不満を言えば、皆さんに心配掛ける。自分さえ我慢すればすむんだから、私は耐える。不満や人の悪口を言うのは、その人に感謝や忍耐が足らんのね」と言う。「私さえ我慢すれば」と言って、自分が不平・不満を言わないのは他の利用者のため、職員のため、皆のために忍耐しているという点を強調する。利用者は、自分が忍耐すれば、他の利用者は平穏な生活が続けられるし、職員も煩わしい思いをしなくてすむと考えている。自分が怒れば騒ぎが起きるから、いつもお世話になっている親しい職員に苦労を掛けることになる。親しい仲間の利用者を巻き込んで迷惑を掛けたくない。何としてでも皆のために忍耐をする必要がある。‘助け合って生きる’ことを心掛けるほど、忍耐をすることになる。

利用者は、自分達は不満や不安を言うべきでない、とも考えている。「不満や人の悪口を言うのは、その人に感謝や忍耐が足らんのね。感謝できる人なら、ホームは極楽。私はそう思う」。「世話になっていて、遊んでいて文句を言うのはおかしい。自分も迷惑を掛けているんだから謙遜にならないと」。「あんた、今、大根いくらだと思う？　野菜の値段も知らないくせに食べ物に文句を言うんじゃない」と不満を言う他の利用者を注意する。不満や人の悪口を言うのは、感謝や忍耐の不足である。お世話になる立場を自覚できないのは、その人の人格の問題とみられる。何にでもあれ、波風を立てて他の利用者や職員に迷惑を掛けることは‘助け合って生きる’ことから外れることである。

このようにして、私が忍耐しているからあなたも忍耐すべき、皆が忍耐しているから自分も忍耐すべきという‘世話になる者としての義務’を暗黙の規範として、自分にも他の利用者にも課していく。常に‘感謝と忍耐を忘れない’ようにしないと、利用者はホームの人達に批判されて孤立する怖れもある。

‘感謝と忍耐を忘れない’ことの重荷

利用者にとって、‘感謝と忍耐を忘れない’ようにして‘助け合って生きる’ことが重荷になり、辛くなることもある。皆のために、‘世話になる者としての義務’として行なっているのに、誰も気がついてくれない。自分ひとりに‘感謝と忍耐を忘れない’ことを押し付けて、他の利用者を甘やかしているように見えることもある。腹立たしく、不公平感や孤独感に苦しむ。

特に、忍耐と感謝を心掛けている利用者は、模範的な利用者として尊敬される。人間関係の問題でも暑さ寒さや痛みでもどんなことにも‘感謝と忍耐を忘れない’ことができる人と思われ、期待される。その利用者は生活のうえでも、心理的にも‘無理な自己処理’をするようになり、利用者の心身のもろいバランスを崩すことがある。

‘感謝と忍耐を忘れない’ことが報われる時

忍耐をしたり、感謝をしたりしていることに、誰かが気づいて「よく我慢している」・「あなたはえらい」などと声を掛けてくれると、利用者は救われる思いがする。被害妄想で悩んでいた利用者は「あの人がホームを出るか、私が出るかしかないとまで思い詰めました。山田さんに『問題のある人を世間に出すと生きていかれないから、ホームにとどめておきたいのです』と言われた。私はホームの考えに感激して『それなら私も我慢します』って言ったんです」。このような体験は、‘リリーフ体験’となって、利用者がその職員は利用者との‘かみ合う交流’を感じる時である。ホームの人は自分の忍耐や感謝への努力を知っていてくれる、‘助け合って生きる’ことへの貢献を認めていてくれると喜び、安心する。自分は‘助け合って生きる’ことを心掛け、忍耐をして他の利用者や職員に尽すことができていると感じられる。

どの利用者にとっても、ホームは最後の場所である。忍耐によって、お互いの存在を否定せず、ホームから疎外されないで生きることができる。一緒に生きているうちに、「かたき同士」の間にも何かのきっかけで‘かみ合う交流’が生まれるかもしれない。忍耐は‘助け合って生きる’ためには重要なことであるから、誰かが気づき、労わる必要のあることであろう。

(3) ホーム生活を‘日常から離れてみる’

広い視点で‘つながり’をみる

‘関わりを広げる’ことをしてみたり、‘感謝と忍耐を忘れない’ように努めたりしても、それが報われない時も多く、裏切られることもある。「あの人が入って来た時、私を頼ってくるから、腰が痛くても我慢して面倒をみたんですよ。それが、今は私を邪魔にする。恩知らずだ」。「皆、自分のことばかりしか考えていない。どうせお他人様だ」と憤慨し、深い失望感を味わう。そして、周りの人とは関わり合わないで生活していこう、共有できるような‘つながり’を作るのはやめようと思う。

このように‘つながり’に期待をもてなくなり、ホームやホームの人との関係に行き詰った時、利用者は日常生活の現実から少し距離をおいて、自分自身やホーム生活を省みることがある。そして、落ち着きを取り戻し、ホーム生活やホームの人々へのネガティブな気持ちを緩和し、‘助け合って生きる’へと戻ってくることがある。このような利用者の行動を【日常生活から距離をおいて、自分や人生、ホームとの関係を見直すこと】‘日常から離れてみる’とよぶことにする。

生き方のモデル・言葉を思い出す

‘日常から離れてみる’ことのひとつに、家族の姿を思い浮かべたり、親や恩師の言葉を思い出したりして、気持ちを落ち着かせることがある。「世間には人鬼はいないと年寄りが言っていた。ちゃんとしていれば、『人は人を殺さず』って言うでしょう。ここでもそうだろうね。自分がちゃんとしていればね」と言う。不安や孤立感が強くなった時には「ちゃんとしていれば、『人は人を殺さず』」と自分を落ち着かせたり、職員に確かめたりする。

「おばあさんは、孫にどんなひどいことを言われても怒らなかった。『何を言っているのか、わからないんだから』って」と、肉親の言葉や姿をモデルにして、自分もホームの人々に対して寛容になろうとする利用者もいる。いつも穏やかだった坊さんの顔、看護学校の校長の「人に求めず自分に求めよ」という意味の訓示を思い出す利用者もいる。「昔は、敵愾心をもってどこへでも突っかかっていったけど、それではだめ」とこれまでの生き方を振り返る利用者もいる。

このように、利用者はホームの人々を信じようとしたり、自分が寛容になることによって相手を大目にみようとしたりして、ホームの人々との関係を切らないようにする。しかし、実際には、寛容になるのは非常に難しい。「人を大目にみるってことが大事なんでしょうね。年はとっているのに、私は人間の幅が狭い」。「怒らないようにしようと思うけど、怒ってしまう。人間だからしかたがないのかなあ」。「私、今、おへそを曲げちゃっているから、何を言われても素直になれないんだね」などと、思うようにならない自分を感じている。

ホームの理想化

ホームや管理職を理想化して、ホームは良い所だと信じようとする利用者もいる。「600 人も、入るのを待っているのよ。このホームに入るのは、宝くじに当選したみたいなもの」。「ここで行事がある時は、ざあざあ雨が降っていてもからりと晴れる。運動会もバザーも晴れたし、神様がついている感じがする。見てていなさい。今度のバザーも晴れる」。「このホームに入れて良かった。運が良い」などと、いかに良いホームであるかを強調する。「上の人達は教育があるから間違ったことはしない」・「はじめ、このホームは困っている人を助けるためにできたんだって。だから、最後まで私達を見捨てることはない」と身近な職員やホームの生活に不満があっても、創立の理念や管理職にホームをポジティブにみるための根拠を見つける利用者もいる。

神仏・縁にゆだねる

現実を越えて‘日常から離れてみる’場合もある。「お父さんが白い着物を着て、綺麗な顔をしてねえ、夢に出てきたんですよ。私を心配して見に来たんでしょう。お父さんが、このホームを見つけてくれたのかもしれない」。「九州生まれの私がここに入るとは、よほどの縁があったのでしょう」。「信心している神様のおかげ」などと、ホームに入居しているのは亡夫や神仏の導き・運命であると受け取って、ホーム入居の意義を確認したりする利用者もいる。

辛くてどうしようもなくなった時、「魚になる」と言う利用者がいた。「辛いのは、私の心から出ているのだから、自分でどうにかしなくてはならないと思って。それで、自分が魚になれば、人様にどうされようと気にならない。何を言われてもわからない。声を掛けてもらえる時は、親切な人が寄ってきてくれたと喜べば良い。焼き魚が出た時、頭が空っぽなのを見て、ああ、何も考えられない私みたいだと思って、思いついた」。

‘日常から離れてみる’ことでみえる‘つながり’

このように、利用者は神や仏や先祖のおかげでホームに入れた自分は幸運だと思ったり、理想化されたホームや因縁・運命の視点でみて、ホーム入居は自分の思いを越えた縁や恩恵かもしれないと受け取ったりすることがある。利用者はホームとの‘つながり’を作るためには使えるもの、思いつくことは何でも使って、ホーム入居やホームにいる自分を受け入れ、ホームとの‘つながり’に意味を見出していく。利用者がホームの現実に失望する時も、ホーム入居をこのようにいろいろな方法で‘日常から離れてみる’ことによって、ホームで暮らす意味を見出したり、心を鎮めたりする。そして、ホームとの‘つながり’を回復して、ホームの人々と‘助け合って生きる’気持を取り戻すこともある。

利用者が、何とかしてホームへのポジティブな感情を持ち続けようとする背景はいろいろ考えられる。ホームを否定的にみれば、そのようなホームにいる自分が惨めになるから、なるべくポジティブにみようとするのかもしれない。しかし、最も大きな要因は福祉施設としての「終の住居」という機能（橋本、1999）、「ホームは最後までみてくれる」という制度的な信頼感ではないかと思われる。自分にとってホームは最後の場所、「最後までいる所」としているからこそ、利用者は不安や不満を越えて他の利用者や職員との‘助け合って生きる’ことによって、ホームで暮らそうという意思と意欲を持ち続けるのだと考えられる。

(4) ‘助け合って生きる’ことができる誇り

利用者は、ホームで安定して暮らしているのはホームや職員のお陰だと感謝している。ホームを与えれてくれた神や仏、幸運にも感謝している。一方で、いつも皆のために忍耐し、職員に感謝し、弱い人を労わり、皆と仲良く‘助け合って生きる’ことができる自分を誇りに思っている。それは自分が、「しっかりしていて、ものがわかる人間だからだ」と思う。‘感謝と忍耐を忘れない’で‘助け合って生きる’自分は「頭がしっかりして、分別がある」と思う。

「ホームの良い悪いは心掛け次第。どこにいても自分の心ひとつ」。「人の心や言ったことの本当の意味はわからないから、私は善意に解釈するんです」と自分の感情や考え方をコントロールする。「ホームには、自分で決めて入ったのだから、心だけは豊かに助け合って暮らしたい」。「何でもやろうという気持ちをもって、明日の目標を立てるんです。好きなことをしていれば、張り合いがあるし、気が晴れる」。「頭を使ってぼけないように、食事はちゃんと食べてお腹の調子を整える」と生活のリズムや目標・初心を大事にしようとしている。このように、利用者は自分に誇りをもち、日々を意思的に暮らそうとする。

一方では、「命のためだけに生きていくんではね、何のために生きていくのか目標をもたないと。でも、それがなかなかないのよ」という現実もある。「ホームの暮らしは良い時も悪い時もあるからね。どちらとも言えないわね。瓢箪だってぶらりとしていては暮らせないでしょう。七転び八起き、諦めないことが大事ね」と力を抜いて暮らしている利用者もいる。

100歳近い利用者は杖に縋るようにして、末期ガンの利用者は車椅子を押してもらって食堂に出て来て、ホームの人々と言葉を交わす。最後までホームとの‘つながり’のなかで生活を続けようとする利用者と仲間の利用者・職員とが‘助け合って生きる’場面である。

3. 終末期における‘つながり’

(1) ホームは、最後の場所

介護保険制度では、特養を利用者が自立して生活できるように支援する通過施設と位置づけているが、ほとんどの利用者はホームを「最後の場所」と思っている。「日常場面での関わり」の場面でも健康や体調、死や葬儀に関する話題は多い。ホーム生活では毎年利用者の25％は死亡し、しばしばお別れの焼香もあって多数の利用者が訪れる。このような様子を見ていると、利用者は比較的元気なうちから死について思いめぐらすことも多く、最期にはどのような援助をしてもらえるのかと気にしているようである。

しかし、実際には、ターミナル期や死のことを話題にすることは少ない。話したくても職員も利用者もうまく話し出せないのではないか。亡くなった利用者がホーム生活の最後の日々において、ホームとの‘つながり’をどのようにとらえ、何を望んでいたかをとらえておくことは、心理面の援助をするためにも重要である。

利用者の多くは、最後は入院して病院で亡くなる。利用者と筆者との関わりは2、3の例外を除いて、最後の入院をするまでである。ここでは、最後の入院まで密接に関わった女性利用者7名、男性利用者2名、合計9名とのホームでの最後の日々の話や生活の様子から、利用者が死を感じながらどのようなホームとの‘つながり’を求めていたかを検討する。

(2) 死の近さを感じる――身体の変化・援助関係の変化

入居して以来、利用者は「寝たきりになってしまう」・「このままでは死んでしまう」と職員に訴えることが何度もあった。このようなことを繰り返しているなかで、身体にこれまでにない変化を感じたり、亡くなった他の利用者との共通点を見出したりする時に、自分の死が本当に近いことを感じるようである。その時、「これは死病だ」・「本当の病気になった」と言った利用者もいた。

利用者が「本当の病気になった」と思う時の手掛かりは、身体的な異常である。第1に痛みの間隔が短く、「槍で刺すように痛い」と強さが増していること、第2に「体のなかの敵が隙を狙ってまた出てきた」と治まっていた症状が再発すること、第3に「いっぺんにあちこちが悪くなった」と痛みや吐き気、胸苦しさなど体全体に異常を感じること、第4に「目が腫れてよく見えない」・「喉が詰まる」と新しい症状が出るなど、「こんなことは初めてだ」という状況である。第5に「食べたくても入っていかない。おかゆだって入らない」という食欲不振である。日常的に他の利用者の例で「食べられないこと」は最後に近いことを見ているので、「食べられない。あの人と同じになった、もうおしまいだ」と感じる。

援助関係の変化からも死が近いことを感じる。「入院して検査したのに、痛みの原因がわからないと言われて返された。くれたのは座薬と貼り薬だけ。見放したんです、医者は本気になってくれない」。「医者が出した薬を、看護婦がちゃんと守らないんじゃないか」と、医療者に治す気がないと感じた時に治る見込みがないと思うようである。

このように、利用者は多くの手掛かりから身体の様子を探り、周囲の人の反応を見ていた。

(3)「治るかもしれない」という希望

死が近いと感じる一方、治るかもしれないと最後まで希望を捨てていないと思われる。これまで、ほとんどの利用者は何度も入退院を繰り返し、寝込んでしまったこともあるが、その度に回復してきた。同じ病気で数回入院している利用者は「いつものあれですよ」とこともなげに言う。「いつものあれ」かもしれないと思って重大な病気ではないという希望をもっているようであるし、あまり病気のことを話題にしなくない利用者も多い。

特効薬があるのではないか、あの病院にいけば治るのではないか、という希望もある。ある利用者は「前に入院した病院では、先生は『病気の原因がわからない、難病だ』って言っていたけれど、私の病気に合う薬をやっと探してくれたんです。そのお陰で治ったんです。その病院に行きたい。この薬があれば治るかもしれない」と何年も前のその錠剤を取っておいている。「治らない」と思う反面、医師が本気になって治療すれば、特効薬が見つかるのではないか。そうすれば、前のように治るのではないかと思う。咽頭がんの利用者は、「喉につまらないように、気をつけて食べています。おそばを細かく切ってください」と言う。このように利用者は自分の命を大事にして、さまざまな形で回復への希望をもっていることを周りに伝えている。

(4) 最後まで'つながり'のなかで生きる

利用者の医療への期待や回復への希望は強いが、入院生活を望んでいるわけではないようである。強い痛みなど苦しい時には入院するが、症状が治まると「ホームに帰りたい」と言ったり、「点滴ならホームでできるのだから」とホームに戻りたがったりする。退院して来て、職員や仲間に迎えられると涙ぐんだり、握手を求めたりする。

「入院はしたくない、させないでください」と繰り返し訴える利用者がいた。喉頭がんになった利用者は、「口から食べられなくなったら、それで終わりにして。点滴をしないでください。病院にはやらないで、ホームで死なせてください。私は何度も入院したので、病院はよく知っています。看護婦さんは親切だし、コールするとすぐに来てくれる。でも、それだけなんです、ホームとは違うんです」と職員達に手を合わせて頼んでいた。入院が必要な治療はしないでほしい、職員との馴染みの関係のなかでホームで「死なせて」という願いであろう。

このような様子からみると、衰退期・ターミナル期の利用者は、身体的な苦痛が強くなければ、ホームとの‘つながり’や‘かみ合う交流’のなかで、馴染みの職員から看護や介護、食事のケアを受けたいと願っていると思われる。

また、ホームの人々との‘つながり’と‘かみ合う交流’によって、利用者は最後までホームのメンバーとして生きている自分を感じることができる。何とかして食堂に出てくれば、いつもの仲間と挨拶をしたり、天気の話をしたりできる。食べられない様子を見て、仲間が「もう少し、食べてね」などと言ってくれる。テレビの座席も空けてくれるし、様子をそれとなく注意してみていてくれる。このようなホームの人々との‘つながり’のなかで、利用者はまだ残っている‘個人生活ルーチン’を維持し、ホームの一員として‘助け合って生きる’自分であることを感じているのではないだろうか。

(5) ホーム生活の完結

96歳の利用者Dさんは20年にわたるホーム生活を振り返って「ホームでできるだけのことはした。いろいろなことをさせてもらって楽しかった」と言っていた。そして、「あさって入院します。もう戻らないです。今日は仏間で両親の最後の供養をして、園長さんにもお礼を言って、皆さんにも挨拶しました。最後の仕事も全部することはしました」と言って、「風呂敷のなかに新しい浴衣ある」と見せてくれた。Dさんの入院を見送って、10年以上も付き合いのあった利用者は「『もう帰らない』って言っていた。私、泣いてしまった」と言う。2歳年下の利用者は「あんなにできた人はいない。Dさんがいてくれるだけで心強かったのに、がっかりした」。

「ホームで死なせて」と願っていた咽頭がん利用者は、この96歳の利用者Dさんの向かいのベッドで、同時に闘病生活をしていた。一足先に入院したDさんを見送って、「年上のDさんがいるだけで心強かった」と言う。同じように重病であっても、自分より年長の利用者がいるだけで他の利用者は励まされ、まだ、生きられると思うこともある。この「ホームで死なせて」と願った利用者も痛みが激しくなり、入院して亡くなった。

ホームとの‘つながり’のなかで死にたいと願っても、特養の対応には限界があり、ほとんどの利用者が病院で亡くなる。利用者のなかには、最後の日までホームとの‘つながり’が続き、そのなかで生き続けることを望んでいた人も多いと思われる。

4. まとめ

(1) ホームの人々と共有する‘つながり’

ホーム生活の生活適応プロセスのどの時点でも、利用者は今ある‘つながり’を維持し、新しい‘つながり’を作り、ホームとの‘つながり’を強め、安定させていかなければならない。そのために、利用者は自分個人の‘つながり’を作るだけでなく、他の利用者や職員と‘助け合って生きる’ことを心掛け、ホームの人々と共有できる‘つながり’を作ろうとする。‘助け合って生きる’仲間のなかにいることは、利用者に自分はホームのメンバーであるという手応えや誇り、安心感を与えているようである。

しかし、実際には、ホーム生活の人間関係は難しく、環境も流動的なために、‘助け合って生きる’関係から‘つながり’を作り出すことは容易ではない。それでも利用者は、ホームとの‘つながり’を維持し、新しく作り出すために、自分ができることを何でもしようとする。ホームの人々との‘関わりを広げる’ことで交流を広げたり、常に‘感謝と忍耐を忘れない’ように心掛けたりする。また、ホームを理想化したり、入居できたのは神仏の恵みと考えたり‘日常から離れてみる’ところから、ホームへのポジティブな気持ちを取り戻したりして‘助け合って生きる’気持ちを保とうとしたりする。このようにして、利用者は、最後までホームとの‘つながり’のなかで生きようとする。

(2) 亡くなった利用者への思い

職員や他の利用者は、亡くなった利用者のことをそれぞれにホーム生活でがんばり、楽しみ、苦しみも味わい、その人なりの‘つながり’を作って生きたと感じている。利用者との関係が良い時も、摩擦があった時もケアを続けた職員は、その利用者が最後までホームの‘つながり’のなかで暮らせるようにサポートしたと感じられる時、援助が完成したという手応えを感じるのではないだろうか。利用者にとっては、親しい仲間であったり、不仲な競争相手であったりした他の利用者がいる。「仲良くしてくれた」利用者であれば「あんな人は、もういない」と懐かしむ。問題のある利用者であれば、「あの人でもホームは最後までみたんだ」とホームへの信頼感を感じることもある。お別れの焼香には多くの利用者が参加する。彼岸の法要にも参加者は多い。ホームでは見慣れた場面であるが、他の利用者が衰えて亡くなっていくことは、遠からず自分のたどる道でもある。

第 5 章

M-GTAによる分析の体験的プロセス

本章では、M-GTA を用いて、「特養新入居者の生活適応の研究——‘つながり’形成プロセス」（小倉、2002c）の分析をどのようにすすめたのかについて述べる。

GTA、M-GTA には独自の分析の視点や方法・用語がある。これらを理解して分析を始めることが重要なので、特に M-GTA に関しては、考案者の木下康仁氏の著書（1999、2003）を参照していただきたい。M-GTA を用いた研究論文例の分析過程は、「分野別実践編修正版グラウンデッド・セオリー・アプローチ」（木下ら、2005）に詳しい。ここでは、筆者が M-GTA に関心をもったいきさつと、M-GTA を学びながら約 2 年の分析過程で役立った経験や考え方を中心に述べる（小倉、2005b）。

I　M-GTA への関心

1. 生活適応の理解と援助の視点を求めて

(1) 援助実践から生まれた問い

特養の生活環境や人間関係は、地域生活のそれとは大きな違いがある。特養ホームの心理職相談員として、筆者は利用者と話をしたり、日常生活の様子をみたり、さまざまな不安や不満を聞いたりしてきた。そのなかで、利用者がホームの環境のなかで自分の生活と心とを守っていくにはかなりの困難がつきまとうと感じた。利用者は「どうすればホームで安心して暮らせるのか」と、生活適応の方向に戸惑い、試行錯誤していた。それは、落ち着いて生活している利用者も、不安や不満が強く攻撃的な言動をする「問題利用者」も同じだった。利用者はホームで自分らしく暮らすための工夫を語り、時には「どうしたら良いのか」と筆者の意見を求めた。また、職員からは強い不満や被害妄想、攻撃的な行動がみられる利用者への面接を頼まれることもあった。

心理職相談員として筆者は、利用者の話を聴き、気持ちをくみ、戸だなの整理など小さな用事をするなどして、利用者が少しでも気持ちよく過ごせるようなことをしてみた。面接報告書には、利用者の話を聞いて理解したことや利用者の気持ち・要望・困っていることなどを報告した。

しかし、自分がしていることが利用者の生活や心の安定に役に立っているのか、他の職員の仕事とどう関連しているのか、その場しのぎや思い付きをしているのではないかと感じた。生活適応というものをとらえる視点をもっていないので心理的援助の指針も方法も、評価の枠組もなかったからである。生活適応についての疑問や迷いが深まり、自分の答えを見つけないと心理的関わりはできないと感じた。そして、利用者がホーム環境のなかで、どのようにして自分の生活と心を安定させていくのかについて関心をもつようになった。

(2) 感情の変化を手掛かりに

利用者の話や表現には感情がよく現れていたので、感情の変化をみれば生活適応プロセスが理解できるのではないかと考えた（小倉、2000）。利用者がどのような体験をした時に安心感・自己効力感・自尊心・自律感などポジティブな感情を感じるのかをとらえ、そのような体験をしてもらえるような関わりをしようと思ったからだ。しかし、利用者の感情のポジティブな変化をとらえてみても、実際の援助に生かせるようなまとめ方はできなかった。ただ、感情の変化に着目した経験は、後にM-GTAに出会った時、動きや変化・プロセス・きっかけなどの重要性を理解する際に役立った。

(3) 施設適応の先行研究を手掛かりに

施設適応に関する先行研究や著書を読んで多くのことを教えられた。しかし、現場の生活適応の理解と援助にうまく応用することができなかった。ストレス対処など既存の概念や理論を使った研究は、抽象的で遠くから現場を見ている感じだった。数量的方法による研究は特定の断面については納得できるが、利用者を静的にとらえ、個々の要素に分解してしまう感じがした。事例研究では、個々の例を知るだけで、それらを位置づけて理解するモデルは得られなかった。このように、先行研究から多くを学んだが、生活適応は「こういうプロセスをたどるのだ。わかった」という手応えは得られなかった。

しかし、これは先行研究に問題があるわけではなかった。それらの知見を有機的・全体的にまとめて理解し、実践し、評価する図式が自分にないからだった。自分にそれらの意味を受け止める枠組み、理解できる枠組みがなければ、どんな知見でも生かしようがない。まずは、自分が「こういうことなのだ」と納得できる図式をもつことが重要だと感じた。

(4) 独自の「概念」と「理論」を作る

施設適応に関する先行研究や著書を読んだなかで、「老人の絶対的自己正当性」(木下、1989) という言葉を見つけた。筆者が日々接しているホームの利用者のある面を実に的確にとらえていて、「あのことだ。わかる」と感じた。次に「身体移動の極小化」と「心の世界の極小化」(木下、1989) という対になった表現があり、これも「わかる、わかる」と感じた。いつも見慣れていることが、「こういうことなのだ」と実感をもって納得できて、興味深く感じた。

なぜ、「こういうことなのだ」とはっきり感じたのか。それは、ある現象が対極的な現象と対になって提示されていたこと、動きのある表現が使われていたからだった。日頃、心理職相談員は利用者と職員の間にあって、「甘えるな・甘えていない」など対極的な主張の間に立つことが多い。このような対極的な立場・主張をお互いが譲らず、行き詰った状態になっていると感じることがあった。「老人の絶対的自己正当性」の主張に対して、介護現場では「職員の絶対的自己正当性」の主張が日常的にみられると思った。このように、動きがわかる言葉の効果、比較してものごとを考える面白さ実感したことから、M-GTA に関心をもった。

また、実践データから自分の概念や理論を作っていくことに関心をもった。現場で使える理論を現場から生み出すことはきわめて自然なことである。現場実践の体験を活用することは、利用者や職員の体験を大事にすることにもなる。利用者の生活適応はどのようにしてすすめれば良いのかは、まず経験者の利用者本人から教えてもらおうと思った。M-GTA は、現場の実践と研究との回路を作る研究法であるので、ホームにおける筆者の仕事に適していた。このようなことから、M-GTA は生活適応の研究目的や収集したデータを活用するのに適した方法だと思った。

(5) 研究の視点の確認

利用者の生活適応のプロセスはさまざまな要因が複雑に絡み合い、生活環境との相互作用をしながら常に変化しつつ、全体性を回復しようとする力も働いていると考えられる。M-GTA を用いて、次のような点を生かした研究をしようと考えた。

生活適応をプロセスととらえ、環境との相互作用に着目する

先行研究の多くは、利用者の心身状態や生活の一部を取り上げ、ある時点または短期的な観察や量的調査を行っている。しかし、適応は固定的な形態ではなく、自分自身や環境の変化によって適応のあり方も変化していく。ことに、利用者の生活には老いのプロセス・入居前から入居して退居までの時間的プロセス・居住環境や他の利用者・職員との相互作用のプロセスなど、さまざまなプロセスが同時進行している。生活適応プロセスはこれらのプロセスを含みながら、自分に合った生活を形作っていくという統合的なプロセスとしてとらえる必要がある。

日常生活を複雑なままに、全体的に質的にとらえる

特養の生活適応は、利用者が居住環境や衣食住・介護・看護などのケアサービス、自分の健康状態や価値観や生き方・欲求など多くの要素を統合して、全体的なバランスをとって主体的に生活していく過程と考えられる。

先行研究の多くは、利用者の多様で複雑な生活の一部について尺度を使って量的な報告をしている。しかし、多様で複雑な生活の一場面をとらえても、特養生活の全体像や利用者がさまざまな体験をどのように統合して暮らしているのかはわからない。日常生活はできるだけ分割しないでとらえることが必要である。

利用者の立場から理解する・援助に役立つまとめ方をする

研究の最終的な目的は、心理的な援助の視点を得ることである。だから、生活適応プロセスをとらえる時には、援助の視点が得られるようにまとめる必要がある。そのため、利用者がどのような体験をして、その体験をどのように意味づけるのかなど、利用者自身の体験を重視する。介護関係では、利用者は援助者にさまざまな感情を抱くので、感情の動きに注目する必要もある。

Ⅱ　分析プロセスの実際

1. 研究テーマ・分析テーマ・分析焦点者

(1) 最初の設定

研究テーマから分析テーマへの絞込みは、非常に重要な作業である。まず、自分の研究テーマをもう一度確認して、どのような現象・問題に関心があるのか、何を明らかにしたいかを明確にする作業である。

文字データを扱う時、［研究する人間］はデータのどこに着目し、どのように解釈し、定義し、名づけて概念名にするのかを決定しなければならない。データは見方によってさまざまに解釈することができるから、どのように解釈するのか判断の根拠が必要である。そのひとつが分析テーマである。

分析テーマを明確に限定すれば、膨大なデータのどこに着目すれば良いかがわかる。自分が着目したデータを、分析テーマに照らして解釈するから、解釈も一定の範囲に収まり、相互に関連した解釈になる。自分が何を根拠にそう判断したのかがわかり、恣意的な判断でないことも確認できて安心である。分析テーマが曖昧であると、データのどの部分に着目するのか、そこをどのように解釈するのか判断がつかない。

しかし、当初、明確に分析テーマを絞り込んだと考えても、分析の過程で分析テーマの調整が必要になる場合もある。調整はデータに密着した分析をするためにも重要である。ただ、大幅に設定しなおすと、それまでの分析作業の修正も大変になるので、やはり、最初の絞込みは重要である。

本研究の研究テーマは、特養利用者がホームの生活環境のなかでどのように生活と心を安定させていくのか、という生活適応プロセスである。これは、心理職相談員として臨床実践をするうえで必要に迫られ、かなり明確化していた研究テーマだったので、そのまま分析テーマにした。分析焦点者は、当然、特養利用者と決め込んで全く疑問をもたなかった。そして、分析テーマを「特養利用者の生活適応プロセスの分析」とした。分析焦点者は、新利用者 15 名、滞在期間 1 年から 19 年の利用者 17 名の計 32 名とした。

(2) 再設定の検討

分析を始めてみると、大きな問題にぶつかった。新利用者と滞在期間の長い利用者とでは入居時期が違うためホーム生活環境も変わっていて、利用者の生活体験が異なるのである。ホームへの感情も認識もネガティブになったり、ポジティブになったり変化する。生活適応プロセスでは時間的・時期的な要因によって新利用者と長期利用者の体験は異なり、多様な体験や要因が交錯している。

新利用者と長期利用者の区別をつけずに分析焦点者にしたのは、利用者間の差異を重要視しなかったからである。つまり、“限定といっても明らかに異なる対象者を分けるのではなく類似性のある、あるいは関連性の高い微妙な違いを基準に、対象者と非対象者をはっきり分けるということである”（木下、2003）。このことを理解していなかった。

まず、分析焦点者の再設定をした。入居期間で分けて、新利用者と長期利用者にした。次に、生活適応プロセスがネガティブになったり、ポジティブになったりする問題をどう限定するかを考えた。現場では、常に利用者のネガティブな問題に関心があり、その改善・解決が求められている。もちろんこれは、生活適応の援助のうえで重要なことである。一方、筆者が日頃、強い印象をもっていたのは、新利用者が不安や不満があったとしても、仕方なく入居したとしても、次第にホームに落ち着き自分なりに安定していくことだった。利用者がホームで安定した生活をしていくことには何の不思議はないのであるが、なぜ、そうなるのかはわからない。諦めや忍耐か、それもあるだろう。しかし、それだけだったら、あのように懸命に生きていくだろうか。不適応の問題も重要であるが、順調に適応していく場合についてもなぜそうなるのかを明らかにすることも重要であろう。

このように考えて、新利用者がうまく生活適応していく過程に焦点を当てることにし、分析テーマを「特別養護老人ホーム新利用者の生活適応プロセスの研究」と再設定した。不適応の問題は重要なので、次の論文のテーマにすることにして、いったんは安定した利用者と、不適応になっていくプロセスを組み合わせた。再設定した分析テーマを［研究の社会的意義］からみても、ホームの心理職が生活適応の援助の視点を得るための研究であるから、生活適応に最も困難を感じている新利用者や、問題を抱えている利用者を取り上げることは意義があると思った。

再設定によって、扱うデータは「新利用者」の「生活適応が進んでいく過程」に限定され、データの解釈も、新利用者がうまく生活適応をすすめていくプロセスに照らして判断すれば良いことになり、ずっと楽になった。

2. 最初の概念生成——'つなぎ素材'

(1) 最初に着目したデータ

M-GTA では、原則的には分析テーマに関して豊かなデータがある 1 人分のデータから分析を始める。本研究では、データの細部までかなり馴染んでいたので、3 名のデータを中心に分析を始めた。

最初に着目したデータは、「ひじきの煮物」・「同じ宗旨」・「おだまき」の話である。これらは印象深い話だった（第 2 章）（表 1. 分析ワークシート‘生活史素材’）。

「なぜ、印象深かったのか。着目したのか」を考えると、さまざまなことが思い浮かんだ。a：利用者はホームに馴染むため、ホームをポジティブにみるために、自分のもてるものを何でも使う。ささやかで日常的なモノでも積極的に見つけて使う。b：自分の生活史と何らかの関係があることや、特に関心のあること、誇り・自信のもとになっている「大事なもの」に関連があるものを見つけると非常に喜び、安心する。c：「ひじきの煮物」などはアッと驚く意外な体験・ひらめきのような体験となっている。d：「ひじきの煮物」は、その利用者にだけ意味がある。e：利用者の「ひじきの煮物」とホームの「ひじきの煮物」が同じとは考えられないから、利用者の話は事実とは言えない。思いこみでもあろう。しかし、その利用者はそのように意味づけて、ホームとの関係を作ろうとしている。大事なのは、そのように意味づけて生活適応をしようとしていくことだ。思い違いや防衛と解釈することは適切ではない。ただし、利用者の意味づけは思い込みや誤解・転移・投影・妄想に関連することが考えられる。知覚の衰えか

■表1　分析ワークシート

●概念名　‘生活史素材’

●定義　利用者とホームとをつなぐ素材で、
利用者の生活史のなかにあったもの

●具体例
①（ホームの食事はまずいと批判した後で）、「私も主人も京都生まれですから、主人は味にやかましく、私の料理は特別でした。ところがねえ、ホームのひじきの煮物だけは私の（ひじきの煮物）と全部一緒、驚きました。京都の料理が東京で食べられる、こんなことってあるんですね」。
②「岩手の家にあったおだまきの花が、ホームの庭にもあった。上京する時にも持ってきて、N町の庭にも植えた花よ。懐かしい」。
③（入居後、抑うつ的だった女性。アップルパイを見て）「私,こういうのが好きなのよ」とにっこり。
④汚い食べ残しは絶対にしない。ここでも,職員が「Aさんの食器は洗わないでも良いくらい綺麗」と言ってくれる。
⑤「供養祭に出ようとしたら,ホームはS宗なんですってね。私の家と同じ。その袋の中のお守り出してくれない（お守りキー・ホルダー）。これ持って行って来るわ」。
⑥「今朝、越路吹雪の懐かしい歌を聞いた。あれはね…誰が掛けてくれたの」。

●理論メモ
①思い掛けなく、ふと、気づく。アッというひらめき体験。懐かしさがこみ上げる。（→‘素材スパーク体験’へ）
②自分の生活環境とは全く違うホーム環境に、自分の生活史との共通点を見つけた感動。ホームとの関係性のネガからポジへの転換。不満・違和感は強いゆえに、この発見は生活適応に重要。慣れようがない→慣れそうだ。（→‘つながり’へ）
③一気に、ホームとの溝・違和感・落差が縮まった。親しみや安心感・喜び。
④ホームへの足掛り・接点・通路・道を作る。関係のないもの同士を結ぶ働きをする。（→＜接点＞カテゴリーへ）
⑤その人だけに意味がある、その人だけが意味づける。アイデンティティ確認。
⑥食物・音楽・草花・自然・宗教・習慣…広い範囲から、日常的・具体的・抽象的なものと多様。生活に密着したものか。
⑦反対例:ホームのケア・建物も接点になっている。これは‘生活史素材’ではない。ホームに入ったからこそ得られる素材、‘ホーム素材’か。
⑧自分が安心できるような意味づけをする。周りに馴染みのモノ・人がいない寂しさから敏感になっているのか。人生経験から小さなことから意味を見出す力があるのか。
⑨「ひじきの煮物が、全部一緒」のはずはない。味覚も変わっているはず。防衛と解釈できる。そのように解釈して、生活適応援助に意味がある?出来ることは、何でも使ってホームに落ち着いていこうとしているのではないか。この意欲が、生活適応を可能にしているのでは。

ら、意味づけにも偏りが起きてくる。M-GTA の分析とは直接関係ないが、心理職相談員は意味づけの両面性に関心をもつ必要がある。

このように、筆者にはさまざまな考えや感情が浮び、同じデータ箇所でも視点によって違った意味が読み取れると思った。そこで、まず、「ひじきの煮物」のモノ的な側面の意味を考えた。分析テーマに照らし、全く新しい生活環境におかれた新利用者の状況、これらの話を語る時の表情や口調などを考え合わせて、「ひじきの煮物」などのモノは、新利用者にとってどんな意味があるのかを考えた。

新利用者は、それらをホームと自分とを結びつけるモノ、関係をつなぐモノとして意味づけていると解釈できる。馴染みのないモノや人々に囲まれたホーム環境のなかで「慣れようがない」と悲観しているところに、少しでも親しみのもてるモノを見つけたら、ホームと自分を結ぶモノとして意味づけて喜び安心する。このように考え解釈して、「ホームと利用者を結びつけるもの」と仮に定義した。

この定義が適切であるかを、継続比較分析で類似例をチェックした。新利用者が、ホームと利用者を結びつけるものとしているのは、音楽や食物・自然・宗教・生活習慣などこれまでの生活史にあったものだけでなく、ホームの建物や介護・看護のケア、行事や「最後までみてもらえる」・

「料金が安い」などの福祉制度、職員との交流、ホームの歌や役割、納骨堂まで多種多様なモノやケアがあった。十分な類似例もあり、それらもこの定義で説明できると判断した。

当時は分析ワークシートの形は明確に決まっていなかった。しかし、最初に着目した箇所の解釈、定義、概念名へと分析を進めることは同じである（表1)。理論メモには、先に述べたような思いついたこと、疑問点や別の解釈などを記入した。

概念名は、なかなか決まらなかった。イメージとしては、ぴったり合わせるもの・くっつけるもの・貼り付けるものなどである。こういう動きをするものを一言で言えば何か。生活適応が進んでいく動きのある言葉、新利用者の積極性や意味づけが表現できる言葉を四六時中考えた。辞典や新聞・本・ラジオやテレビも参考にしたが、どれもしっくりしない。そこで、仮に概念名を接点・足掛かりとして、データの別の部分から新しい概念を作るオープン・コーディングをすすめた。

(2) ‘つなぎ素材’の生成と現象特性の理解

‘つなぎ素材’の生成

バラバラなものがまとまっていくのは、マヨネーズ作りやそば打ちがあると思った。卵や塩という‘つなぎ’があるからまとまる。「ひじきの煮物」・「おだまき」・「ホームの歌」は新利用者にとってはホームと馴染むためのつなぎなのだ、と思った。しかし、どの利用者にとってもつなぎになるわけではない。その利用者がそう意味づけることでつなぎになる‘素材’である。このように考えて、仮の定義「ホームと利用者を結びつけるもの」を【利用者とホームの環境とをつなぐ素材】と定義して「つなぎ＋素材」、つまり‘つなぎ素材’という概念名にしてみた。他の候補の接着剤などと比較して、‘つなぎ素材’には相互作用や関わり合い、時間的経過など生成的な意味も読み取れ、動きが感じられる表現だと思った。

‘つなぎ素材’としてみて、自分が表現したいことが言葉にできたという手応えを感じた。新利用者が全く新しいホーム環境に馴染むには‘つなぎ素材’が欠かせない。だから、「ひじきの煮物」·「おだまき」という‘つなぎ素材’を見出して、利用者は嬉しそうに語ったのであろう。また、新利用者は職員が予想しないような形で 自分に合った‘つなぎ素材’を見つけていくのであるから、非常に積極的・創造的に環境との相互交流をしていることがわかった。

現象特性がはっきりする

本研究の現象特性は、「利用者は次第にホーム環境に落ち着いていく」とごくシンプルなことである。この通りではあるが、‘つなぎ素材’という概念を作ってみると、この現象特性がもう少し具体的にみえてきた。利用者が積極的にホーム環境との相互交流をしていることが明らかになったからだ。現象特性は、「利用者が積極的・創造的に環境との相互作用を行い、ホーム環境に落ち着いていく」という具体的でプロセスのあるものとしてとらえられるようになった。

“分析で明らかにしようとするのは、その現象の特定断面ではなく、変化の様態である。研究対象が有している現象としての特性をおさえたうえで、最終的に明らかにしていくのはどのような“うごき”なのか考える”（木下、2003）。ここで言われている“うごき”ということが‘つなぎ素材’によって主体的・能動的な利用者の行為としてイメージできるようになった。

“ある箇所に着目したとして、なぜそこに着目するのか、その部分の意味は何かなどの問いかけをしていけば、自然と自分が明らかにしようとしているのがどういう現象の、どういううごき、変化、プロセスなのかを確認することになる”（木下、2003）。繰り返しになるが、筆者が「ひじきの煮物」などに着目したのは、利用者が積極的にホーム環境のなかで自分に合ったものを見つけていくことに驚きや興味を覚えたためである。そして、その部分の意味を、利用者の主体的な生活適応の行動と解釈した。このように、着目した理由とその箇所の意味を確認することによって、筆者は何を明らかにしたいのかがわかったと思った。

また、‘つなぎ素材’を生成してみると、他の職員のしていることの意味がだいぶ理解できるようになった。職員が新利用者に身体的ケアをしたり、クラブに誘ったり、好物を提供したりするのも、‘つなぎ素材’を提供しようとしているのである。介護職・福祉職は別の言葉でそれらのケアの意義を説明するのであろう。しかし、‘つなぎ素材’という視点でみると、それらは生活適応の援助にとっても大切な援助であることが理解できた。心理職としても、適切な‘つなぎ素材’を提供することが重要であることもわかった。

(3)‘生活史素材’と‘ホーム素材’の生成

‘つなぎ素材’のなかには、「ひじきの煮物」や「おだまき」など生活史に関わりの深い‘つなぎ素材’がある。これは利用者にとっては人生の連続性やアイデンティティの確認、生活習慣の継続という意味があろう。一方、ホーム入居したからこそ得られる介護・看護、行事や設備などの‘つなぎ素材’がある。これらは、要介護高齢者である新利用者の生活と心の安定をはかる基盤となる具体的で実用的な‘つなぎ素材’である。援助的にみれば、この2つの‘つなぎ素材’をバランス良く提供することが、新利用者の生活適応に役立つと思われる。

そこで、生活史のなかにあった‘つなぎ素材’を【利用者とホームとをつなぐ素材で、利用者の生活史のなかにあったもの】と定義して、概念名‘生活史素材’とした。他方はホームに入居したからこそ得られるモノやケアである。これを【利用者とホームとをつなぐ素材で、ホーム生活のなかにあるもの】‘ホーム素材’とした。このように、「ひじきの煮物」・「おだまき」の話のモノ的な側面を取り上げて‘つなぎ素材’を生成し、そこから‘生活史素材’と‘ホーム素材’とを生成した。

3. ‘かみ合う交流’の生成

新利用者は、ホーム環境にあるモノやケアという‘つなぎ素材’を得て、ホームに馴染んでいく。一方、気持ちの通じ合う人間関係を得て、ホームに落ち着いていく様子もみられた。「同じ部屋の人に随分意地悪されました。ある時、主任さんが『我慢していることはわかっています』って。ちゃんと見ていてくれた。それから、主任さんの頼まれたことならなんでもした」。「良い職員の名前と顔はもう覚えた。わからないことは、その人達に聞いてみる」。このように、新利用者は職員や他の利用者の親切や優しさに心から感謝し、忘れない。

これらのデータは、新利用者にとってどのような意味があるのか。いつものように分析テーマに照らし、利用者の立場や感情・認識・行動からみて解釈をした。そして、自分と職員や他の利用者とが互いの意思や感情を、丁寧に通じ合わせようとしている関わり合いとして意味づけていると解釈した。そこで、これらのデータを【おたがいの存在や気持ち、考えを尊重し、伝え合える人と人との関わり合い】と定義した。

概念名は、スムーズな対人交流・頼りの人間関係・共感的交流などを考えた。その過程で、a：利用者とホームの人々とは意思の疎通がうまくいかず、誤解したり誤解されたり、遠慮したりしてずれやすれ違いが生じやすい。意思疎通は非常に難しいことである。b：生活適応には、意思や気持ちをかみ合わせようとするお互いの意思や努力・工夫、ある程度の時間が必要である。c：生活適応のプロセスが進むには、人間関係にも何らかの動きや、変化があるはず。概念名にも人間関係の動きが感じられる表現が必要である、と考えた。これらを考え合わせて‘かみ合う交流’と概念化した。お互いに、相手をよく観察して、歯車が外れないように注意深くかみ合わせていくようなイメージの相互作用である。

4. 最初のカテゴリーの生成――〈接点〉カテゴリー

オープン・コーディングでは、概念生成をしながら常に概念間の関係を考え、その現象がどのようなプロセスとしてまとまるかという収束化を考えながら行う。これまでのオープン・コーディングで、‘つなぎ素材’・‘生活史素材’・‘ホーム素材’・‘かみ合う交流’の順で4つの概念を生成した。常に関係図を描きながら概念間の関係を考えると、この4つはホームと利用者との媒介・接点になっていると考えられる。そこで、これらを合わせて〈接点〉カテゴリーとした。

5. プロセスの動きがわかる概念――‘つながり’

(1) 新利用者の主体的行動‘つながり’

‘つなぎ素材’などを生成しながら、データの他の箇所からオープン・コーディングを続けた。ある利用者がホーム生活に悲観していたところからホームに落ち着いていく非常に印象深い1連のデータに着目した。

はじめは「ここには慣れようにも、慣れようがない。とんでもない所に来てしてしまった」という悲観的な話。次に「帰る家はない。何とか一生懸命に慣れて、ここにいようと思う。自分が来たくて来たんだから。ちゃんと死んでいくにはね、自分をしっかり取り戻して。話ができる人を探してみようと思う。『友達になってください』と書いて貼った」。「陶芸ばかりだと頭が疲れるから、習字をすればリラックスすると思う。皆と一緒にいればいろんなことがわかってくる。バスハイクに行ってくる」と決意を新たにして、周囲への働き掛けを始めた話になった。また、寝たきりの利用者のケアをする様子を見て「私が弱ったら、ああしてくれるのだろう」という話になる。そして、最後のほうは「家族と離れて、この年で新しく自分の生活を作るのは容易ではないが、あまり落胆していては楽しくないから、自分を楽しく生き生きとさせたい。自分を寂しくしないように研究していけば大丈夫。そのためには良い人に友達になってもらって。そのためには自分がまず優しくないと」と展望を語るようになった。

このようなデータを、いつものように分析テーマ「生活適応プロセス」に照らし、新利用者がおかれた状況やその人の認識や感情・行為からみて解釈をした。そして、新利用者はホーム環境のなかから自分に合った〈接点〉を積極的に作って、ホーム環境とのポジティブな関係を形成していくのだと解釈した。‘つなぎ素材’と‘かみ合う交流’からみると、ある人の場合には「ひじきの煮物」が‘つなぎ素材’になり、この利用者は特に人との関係、‘かみ合う交流’をホームとの〈接点〉として求めていた。

新利用者は身体的・環境的に制限のあるなかで、主体的・能動的にホーム環境のモノやケア、人と関わり合って‘つなぎ素材’や‘かみ合う交流’というホームとの〈接点〉を得てホームに結びつき、自分なりに生活と心を安定させているのだと考えた。このように解釈して【利用者がホームの環境や人、モノとの間に安心して自分らしく生活できる関係を形成すること】と定義した。概念名は、利用者がホーム環境に何とか結びついていこうとする志向性と動きを含んだ言葉を考え、‘つながり’とした。

データ解釈と定義とが適切であるかをみるため、類似例が十分あるかをチェックした。入居当時を振り返って「よくこれだけのことを覚えて、こういう団体生活に慣れたなあ。親切な職員さんを見つけて、助けてもらって」と語る利用者のデータ、「職員が一生懸命にしてくれるから、私もお世話になる気になりました」と語る新利用者のデータなど類似例が十分にあり、それらも先の定義で説明できると判断した。

‘つながり’という概念に筆者は手応えを感じた。利用者はさまざまな行動をとるが、それは自分なりに生きられる関係をホーム環境との間に作ろうとする‘つながり’の作業だったのだ。「ああ、そうなのだ。わかった」という感じがした。‘つながり’という解釈や概念が突然できたというよりも、‘つなぎ素材’や‘かみ合う交流’を生成している時から、利用者の積極的な行動について表現したいことがあり、それが言葉になって「うまく言えた。すっきりした」という感じだった。

“分析結果に［研究する人間］が手応えを感じるか、どうかが重要”（木下、2003）としばしば指摘されている。これは、主観的・恣意的な結果を導いても良いということでは全くなく、M-GTAではデータに密着した解釈をすると同時に、［研究する人間］が自分で手応えを感じているかどうかを点検する必要性を指摘しているのはないか。データと概念の間に［研究する人間］がいるという図（木下、

2003、p.151）の［研究する人間］は概念生成をしながら、論理的に考え、分析結果の手応えを確かめるなど忙しい作業をしていることになる。

概念名の‘つながり’については日常的でありふれて、手垢がついた言葉と評されたこともあり、確かにそういう側面はある。また、関係性と同じことではないか、とも評された。辞書には、つながりは絆・連繋・関係などと説明されているから、関係性とも言えるのであろう。しかし、生活適応は絶え間なく関わり合いを作っていく作業の連続であるのに対し、関係や絆は人やモノの間の状態を示しており、動きを表現しているわけではない。新利用者が、それまで全く関係もなく馴染めなかったホーム環境との間に何とかポジティブな関係を作ろうとする意思的・能動的な行動は、絆・関係より、‘つながり’ととらえたほうが生成的な動きが表現できる。また、‘つながり’には時間的・空間的な要素や固い結びつきと緩い結びつきの幅も感じられ、そこを通って人を生かすものが流れていくイメージもある。‘つながり’は利用者を生かす命脈・補給路・命綱・ルート・根毛の生成である。出来上った絆・関係とは異なる行動的・生成的な作業だと思った。連繋は‘つながり’と意味は近いが、感覚的にわかりやすい表現が重要であることを考えると、‘つながり’が適切であろう。

⑵ ‘つながり’と他の概念との関係

M-GTAでは新しい概念を生成しながら、すでに作った概念間の関係を検討してカテゴリーにしたり、プロセスを予想したりして分析をすすめる。ここまで‘つながり’を含めて6つの概念を生成し、そのうち4つを〈接点〉カテゴリーとしてまとめた。

今回作った‘つながり’は、利用者が‘つながり’を作ることでホームの関係をポジティブに転換させ、生活適応プロセスをすすめていく主体的な行動と考えた。これは生活適応プロセスを動かす重要な概念になるかもしれない。‘生活史素材’や‘素材スパーク体験’も重要な概念であるが、それらは‘つながり’ができるためのある側面であるようだ。

6. ‘つながり’形成のきっかけとなる〈体験〉カテゴリー

⑴ ‘素材スパーク体験’

「ひじきの煮物」・「おだまき」などの話にはモノ的な側面とは異なる特徴がある。それは‘つなぎ素材’が突然、偶然に得られたという体験としての側面である。‘生活史素材’だけでなく、‘ホーム素材’も同じように偶然のことから得られる場合があった。ある利用者は、朝礼の時のホーム歌から、「歌の通りに暮らせばいいんだ、とピンときた」と言う。ピンときた、アッと思う、このような体験で‘つなぎ素材’が得られていた。「ピンとくる」体験は、馴染みが薄い場所や人、ものごととの距離を一挙に縮める。生活適応のきっかけとして重要である。

そこで、このような全く偶然に‘つなぎ素材’を得た体験はどのような意味があるのだろうかと考え、分析テーマに照らし、新しい生活環境におかれた新利用者の状況・表情や、「ピンときた」という表現などに照らして解釈した。そして、全く偶然に突然、ホーム環境にあるモノやケアが自分とホームとをつなぐ‘つなぎ素材’となったという瞬間的でひらめきのような体験であったと解釈した。そして、【偶然にあることがきっかけになって、ある素材が利用者とホームとをつなぐ素材になること】と定義して‘素材スパーク体験’とよぶことにした。

‘素材スパーク体験’は奇妙な命名かもしれないが、利用者の話からは電光石火・ショート・火花が散るような体験であったと考えられる。ただ、‘素材スパーク体験’はひらめきのように起きるからといって、新利用者が受動的であるのではなく、ホーム環境のなかにあるモノを瞬間的にとらえ、「ピンときた」ものを‘つなぎ素材’として意味づけていく能動的な行動をしているのである。

(2) ‘リリーフ体験’と‘思いに添ったケア体験’

‘つながり’形成には、モノやケアである‘つなぎ素材’が〈接点〉になる場合、人間関係である‘かみ合う交流’が〈接点〉になる場合とがある。特に、ホームでは介護・看護の援助関係が密接なので‘かみ合う交流’が‘つながり’の〈接点〉になる場合が多いと考えられる。

「2度も失敗してしまった。自分で始末しようとしても片手だから（涙）。勇気を出して頼んだら、山田さんは『私がするから心配しないで。体調が悪かったんじゃない』って。全然、嫌な顔をしなかった。あの時のことは忘れられない」と言う。このようなデータを、新利用者にとってどのような意味のある体験なのかを考えてみると、新利用者がさまざまなトラブルに直面して思い詰めている時に、ホームの人が「わかっていてくれる」・「みていてくれる」ことで、ホーム生活の危機から救われた体験であると考えられる。そのようにしてくれた職員や他の利用者を頼り、親しんで‘かみ合う交流’を作ろうとするのは、十分理解できることである。そこで、そのような体験を【困難な状況にある時、ホームの人の言葉や行動に救われたり、慰められたりすること】と定義して、‘リリーフ体験’とした。

類似例をチェックすると、人間関係のトラブルや失禁だけでなく、体調不良や病気などで悩んでいる時に、ホームの人々の労わりの一言や「毎日、様子を見に来てくれる」ような介護や看護が‘リリーフ体験’となっていた。ホームに親しい人や頼りにする人がいない新利用者にとって、‘リリーフ体験’は貴重な‘かみ合う交流’のきっかけとなり、生活適応プロセスをすすめるには重要な体験であると考えた。

ホーム生活では、‘素材スパーク体験’や‘リリーフ体験’のように劇的なことではなく、日常的な関わりのなかから‘かみ合う交流’を作り、‘つながり’ができることも多い。そのような例に「主任さんは、頼まないでもクーラーを入れてくれる。私が暑がりのことを知っているんです」・「『心配しないで良いよ、私がするからね』って、銀行の手続きを早くしてくれて有難い」などがあった。

このデータの意味を、新利用者のおかれた状況や認識・感情・行為から解釈した。新利用者は事務手続きが順調に進んでいるか、クーラーを入れてもらえるかなど日常的なことを気にしており、頼みたいと思っている。しかし、自分からはなかなか言い出せない。そんな時、職員が自分の気持ちや要望を察して援助してくれることは、新利用者には非常に助けになり、有難いことである。そして、その職員の名前やシフトを覚えて、親しい関係を作ろうとしていく。そこで、このような体験を【自分が特に望んでいるケアをしてもらえること】と定義して、‘思いに添ったケア体験’とした。

類似例をチェックすると、利用者は医者の労わりや食事の勧め方、入浴介助の丁寧さなど日常生活場面でのやり取りを‘思いに添ったケア体験’として意味づけていた。そして、その職員に感謝したり、「若いのに偉い」と感心したりしていた。新利用者は、日常的な関わりのなかにも親身な対応を感じ取って、‘思いに添ったケア体験’と意味づけ、その相手との‘かみ合う交流’を作っていくのである。

(3) ‘目的のある関わり’

‘素材スパーク体験’・‘リリーフ体験’・‘思いに添ったケア体験’は、利用者が意図的に求めたのではなく、偶然か受身的に体験したことである。しかし、能動的にホーム環境との‘つながり’を作る利用者であるから、積極的・意図的に環境に働き掛けているはずである。

実際、利用者には、自分からホームの環境に積極的に働き掛けて‘つなぎ素材’や‘かみ合う交流’を作り、‘つながり’を形成していく様子が多くみられた。朝早く起きて、食堂のカーテンを開けたり、「友達になってください」と貼り紙をベッド脇の壁に貼ったり、弱っている利用者の食事介助をしようとしたりする。タオル畳みをしている人は「お役に立ちたいのよ。少しでも恩返ししたい」と言う。

このようなデータから、新利用者は、自発的に意図的に周囲に関わり、ホームとのポジティブな関わり合いを作ろうとしていると解釈した。自分から周囲に働き掛けて、ホームの人に認められたり、親しくなったりして‘かみ合う交流’を作ろうとしているのである。そこで、このような解釈を【利用者が積極的にある意図をもってホームの環境に働き掛けること】と定義し、‘目的のある関わり’とした。‘目的のある関わり’は、周囲からの働き掛けを待っているだけでなく、自分で自分に合った〈接点〉を作ったり、見つけ出したりして、そこから‘つながり’を作っていこうとする非常に探索的で能動的な行動である。

(4)〈体験〉カテゴリーの生成

このように、新利用者が〈接点〉を得て、‘つながり’を形成するきっかけとなる体験には、‘素材スパーク体験’・‘リリーフ体験’・‘思いに添ったケア体験’・‘目的のある行動’があった。これらをまとめて〈体験〉カテゴリーとした。ここまで、9つの概念と3つのカテゴリーを生成したことになり、概念とカテゴリーの関係は‘つながり’を中心にまとまりそうだと感じた。

7. ‘適度な距離をとる’——〈行動調整〉カテゴリー

新利用者には積極的な面と慎重な面があって、友達募集の貼り紙をした利用者は、「友達になってもらいたくても、急にお世辞みたいなことを言うのではなくて、普通に、自然にしていたほうが良いと思う」と言う。「腰が痛いから、音楽の発表会にはいかない」と横になっていたり、ホームの昼食は食べないで喫茶室でそうめんを食べている新利用者もいる。このような行動は、新利用者にとってどんな意味があるのか。

新利用者は「ホームの流れに合わせて」・「皆さんの言う通りに」と思う一方で、無理をしないように自分の体調や好みに合わせて、ホーム環境との距離を調整しているのだと解釈した。‘つながり’を積極的に求めつつも、ホーム環境との心理的・物理的な距離を自分に合うように調整することは重要である。このように解釈して【ホームの人やモノへの関わり方を適切に調整すること】と定義して、‘適度な距離をとる’と概念化した。

類似例には難聴の新利用者の「うっかりした返事をしては大変だから、ここで（居室前のソファ）皆の様子を見ている」という話、「わからず屋は、相手にしない」・「自分で自由を作り出している」などの例があった。職員も新利用者に「無理をしないで、家にいる時と同じに自由にして」と‘適度な距離をとる’ことを勧めている場面もあった。そこで自分自身の行動をコントロールする〈行動調整〉カテゴリーを作った。

8. 収束化と生活適応プロセスのまとめ

10の概念と4つのカテゴリーを生成したところで、データから新しい概念とカテゴリーが生成されなくなった。概念とカテゴリーの関係を検討した。‘つながり’は利用者の積極的・主体的な活動であるので、〈主体的活動〉カテゴリーを作り、そこに位置づけた。

すると、〈接点〉カテゴリーは、利用者が〈主体的活動〉の‘つながり’形成をする時に、利用者とホーム環境との接点の役割を果たすという関係になった。〈体験〉カテゴリーは、‘つながり’を得る契機となる体験、〈行動調整〉カテゴリーは、‘つながり’を無理なく作るための調整である。このように‘つながり’を中心的な概念として、他の概念とカテゴリーを関係づけることができると判断して、結果図を作成した（045ページ図1）。

9. 分析終了の判断——理論的飽和化

‘つながり’を中心とした概念群で、生活適応プロセスが説明できるか、自分にわかったという手応えがあるかどうかをチェックした。新利用者のさまざまな行動は‘つながり’形成のための行動であるとみた時、新利用者の感情の変化や、積極的・主体的な行動と慎重な行動、小さなことにも独自の意味を見出す活発さ、これらが全体に統一的にプロセスとして「わかった」・「ああ、そうだったのか」という手応えがあった。言いたことが言えてすっきりした感じがした。

生活適応プロセスを説明するのに十分なカテゴリーと概念が生成されているかをチェックした。ホームと利用者との〈接点〉には理論的に考えてもモノ・ケア・人間がある。モノ・ケア的な〈接点〉として‘つなぎ素材’、人間関係の〈接点〉として‘かみ合う交流’がある。また、

〈接点〉の時間的な差異として、過去の生活史と現在のホーム生活がある。過去との〈接点〉は‘生活史素材’、現在の〈接点〉は‘ホーム素材’と‘かみ合う交流’がある。このようにチェックして、ホームとの〈接点〉については、論理的にも網羅したと考えた。

〈体験〉カテゴリーをチェックした。‘素材スパーク体験’・‘リリーフ体験’・‘思いに添ったケア体験’・‘目的のある関わり’の４つで次のことをカバーしていることを確認した。劇的で突然に起きる体験とさりげない日常生活のなかで起きる体験が含まれているか、受身的な体験と意図的・能動的な体験が含まれているか、行動的な能動性・認知的な能動性・感情的な能動性の体験が含まれているか、である。〈行動調整〉カテゴリーは、安心して自分らしく生活しているかどうかの自己モニターのためには欠かせないことを確認した。

援助の視点が得られたかどうかを検討した。適応と不適応は‘つながり’の順調・不調として理解できると考えた。そうすれば、‘つながり’が不調である場合も、順調に進む場合を応用して援助できるだろう。また、生活適応の問題を環境との相互作用の問題として説明できたことを確認した。相互作用のプロセスとして説明することができたので、問題を利用者の特性に帰すことが少なくなって、援助関係を柔軟に展開したり、介入のポイントを見つけたりするのに応用できると考えた。心理職職員としては、利用者が大切にしていることを理解して、その人に合った‘つながり’を作り続けられるように、‘つなぎ素材’を提供したり、職員と利用者の‘かみ合う交流’を作れるようにサポートすることが、生活適応援助や介護現場の問題の改善に役立つことになろう。このように考えて、援助の視点が得られたと判断した。

10の概念と4つのカテゴリーでは少ないのではないかというコメントもあった。しかし、実用的な意味からみて、生活適応の理解と援助の視点が得られたと考えて、分析を終了することにした。実際、筆者が頭のなかで無理なく操作して考えることができたのは十数個の概念であった。

10. ストーリライン・論文を書く

ストーリラインは、結果を概念とカテゴリーだけで、簡潔に記述することである。

新利用者の生活適応プロセスとは、新利用者が‘素材スパーク体験’・‘リリーフ体験’・‘目的のある関わり’・‘思いに添ったケア体験’などの〈体験〉をきっかけに、それまでは馴染みがないホーム環境のなかから、ケアやモノなど‘つなぎ素材’と人との‘かみ合う交流’という〈接点〉を見つけ、ホームとの間に自分らしく生きられるような‘つながり’を作り、‘適度な距離をとる’〈行動調整〉もしながら、ホームとのポジティブな関係を作っていく

〈主体的行動〉のプロセスである。

このストーリラインに沿って投稿論文を書いた。書く過程で、疑問が出たり修正が必要になったりした。査読者からさまざまな指摘や貴重なコメントがあった。

11. 第2論文について

第2論文は、「初期適応期」が終わり、いったんホームに落ち着いた後、暴力・暴言・抑うつが見られるようになった利用者が不安や不満を強く訴えるようになるプロセスを分析した。論題は、特別養護老人ホーム入居者の不安・不満の拡大化過程——「個人生活ルーチン」の混乱——（小倉、2005a）とした。初めの論文と関連づけて、‘つながり’が不安定になる過程で、利用者の不安や不満が強まっていくプロセスを分析した。この際も、「不安や不満」と限定したことで、データの解釈が揺れることは少なかった。ホーム生活への適応は‘つながり’の形成、不適応は‘つながり’の破綻ととらえ、適応・不適応を‘つながり’という同じ視点で説明した。

12. M-GTAによる分析の手応え

a：分析テーマ・分析焦点者・継続的比較分析・Grounded on data・プロセスを考えるなど、［研究する人間］が何かを判断する時の根拠が、M-GTAにはいろいろ組み込まれているので、分析を一歩一歩積み重ねている手応えがあった。納得して判断し、分析をすすめられるので、自分が「わかった」という手応えを感じることができた。

b：データに密着した分析（Grounded on data）なので、現場の実感を生かした解釈や概念化ができた。漠然としていたことがわかった、表現できたと感じた。

c：実践と研究の回路が作れるという実感がもてた。現場で問題になっていることを分析テーマにすることができるので、研究の意義が感じられた。

d：‘つながり’という概念をもつと、これまで何気なく見聞きしていた利用者の行動に敏感になり、利用者の話も理解しやすくなった。心理臨床のアイデアや援助関係がより柔軟に展開できるという手応えがあった。

e：自分の視点をもつと、既成の理論や概念、さまざまな心理臨床実践の意味や意義がわかりやすくなった。

13. M-GTA を用いるうえで役立ったこと

a：M-GTA 研究会で、メンバーの研究例を通して M-GTA の研究の視点や具体的な分析・結果のまとめ方について勉強した。社会福祉学や看護学・社会学の領域など臨床心理学とは異なる領域の研究でもインタビュー・データを扱うことが多く、解釈が重要であるという点では同じなので勉強になった。

b：M-GTA に関する著書（木下、1999・2003）をメンバーと読んだり、実際の分析過程でも常に著書を参考にした。M-GTA はマニュアル的な分析方法ではなく、[研究する人間] が判断する部分が多い。実際に M-GTA を用いて理解が深まると、自分で判断できることが多くなった。

c ：GTA や M-GTA を用いた先行研究を読んだ。M-GTA とはどのような理論を生み出すのか、動きのある概念はどのようなものかを知ることができた。

d ：スーパービジョンやメンバーからのコメントで、自分は何のために、何を研究するのかを考え、問題意識が明確になった。また、スーパービジョンやメンバーのコメントにも励まされた。例えば、自分のデータで十分か、現場ではありふれた話ではないかと自信がなかったが、筆者のデータは具体的でディテールに富んだものであると指摘された。現場で部分的には知られたことでも、それらを統合的に新しい意味をもって説明する視点を提示し、援助につなげるような研究をすることには意味があるとコメントされた。このようなことから、M-GTA を用いて特養利用者の生活適応のプロセスが理解できそうだと希望がもてるようになった。

14. これから始めようとする人へ

a ：用いてみる：分析を始める前に M-GTA の本をよく読

み、分析しながらも読んで確認することを繰り返す。実際に用いてみると、M-GTA がわかるようになる。

b：M-GTA の基本を忠実に守る：M-GTA の分析手順をマニュアル化することではなく、分析テーマと分析焦点者の設定・継続比較分析・はじめに着目した具体例で最初の概念を作る・概念が分析の最小単位・などの基本を理解することが重要である。

c：スーパービジョン：自分の問題意識やデータの解釈などについて、コメントしてもらう。M-GTA の場合、自分の研究をよく知り、関心をもってくれる人の意見を聞く。それぞれの領域で理解されやすい表現があるので、その領域の人のコメントは有用である。

d：［研究する人間］の問題意識を大切に：誰が、何のために、何を研究するのかを意識しておくと、分析テーマの設定・データの解釈・理論的飽和化などで判断がつきやすい。自分の解釈に「わかった」という手応えがあるかなど感覚的な要素も重要である。

第 6 章

ケア現場における生活適応の心理的援助

――‘つながり’の視点から

I　‘つながり’援助のポイント

1. 実践への応用

M-GTAの研究結果であるグラウンデッド・セオリーは、実践に応用してその結果を修正していくというプロセス的な理論である。特養ホーム利用者の生活適応プロセスにおいても、研究結果をケア現場で応用する場合には、利用者や問題の特性・施設の状況・援助者の職種などによって修正して用いる必要がある。ことに、心理職は介護職・福祉職・看護職のようにモノやケア、制度に関する‘つなぎ素材’や‘かみ合う交流’は提供できない。また、一般の臨床心理士の業務と異なって面接室もなく、心理療法・心理検査を求められない場合もある。ケア現場で自分に求められていること、できることの範囲内で、利用者の生活適応援助に何ができるかを探っていかなければならない。

筆者の場合、心理職相談員の役割についてホームや園長達・介護職員・自分自身も明確でないまま、相談室活動が始まった。しかし、時間や行動の制約は少なく面接室も用意され、自由に利用者とふれ合うことができた。協力してくれる職員も多く、さまざまな面でサポートしてもらえた。心理職相談員としてのホームの研修はないので、ホームのケース検討会に参加し、精神科医や各園長、福祉職や看護職からいろいろ教えてもらった。老人病院で週1、2

日の実習を始め、外部の高齢者ケア講座に参加し、大学院でのグループスーパービジョン・外部の個人スーパービジョンを受けた。さらに、M-GTAの学習を通して‘つながり’の視点をまとめ、利用者との関わりに応用した。

ホームの心理臨床では利用者の問題も多様であった。どのケースでも、後述するように、利用者の人生経験や生き方、健康などを活用すること、利用者の「大事なもの」が「大事にされる」ような‘かみ合う交流’をすることを目標にした。利用者の変化は無理に求めず支持的に接し、1日・1週間を穏やかに生活できるように関わった。

職員のケアや利用者に対する姿勢もさまざまであるが、日々の介護に動き回り、ケア記録をつけ、利用者の要望や苦情を聞き、慰め励ましていた。心理職相談員の活動もこのような懸命に働く介護職・看護職との連携のなかで行なわれた。

2. ‘かみ合う交流’の重要性

利用者が‘つながり’をうまく作れる場合でも、作れない場合でも、職員との援助関係である‘かみ合う交流’が最も重要である。それは、‘つながり’を作るきっかけになる体験に‘リリーフ体験’・‘思いに添ったケア体験’があること（第2章）、‘つながり’が作れない場合に援助関係の悪循環があることからみても明らかである（第3章）。

そこで、援助関係をどのようにして‘かみ合う交流’にしていくかが課題になる。その手掛かりとして、‘つながり’をうまく作れる場合と作れない場合とを比較して、利用者の‘かみ合う交流’における心理的体験の違いに着目した。

(1) ‘かみ合う交流’の心理的な体験――「大事にされる」・「大事にされない」

‘つながり’をうまく作れる時、利用者はホームの人々を「見ていてくれる」・「わかってくれる」・「応えてくれる」・「慰めてくれる」・「教えてくれる」・「聞いてくれる」、「してくれる」・「心配してくれる」・「助けてくれる」・「良くしてくれる」と言う。相手の表情や態度を「気安く」・「明るく」・「笑って」・「物静かに」・「すぐに」・「優しく」と、とらえている。自分も「感謝して」、ホームの人々と「仲良くしなければ」と言う。

このように、利用者はホームの人々に自分が大事にされていると感じ、安心感や感謝の気持ちをもっている。

反対に、‘つながり’が作れない時、利用者はホームの人々を「わけがわからない」・「悪くとる」・「叱る」・「悪口を言う」・「命令する」・「聞いてくれない」・「わかってくれない」・「勝手なことをする」・「裏切る」・「信用できない」・「どうせ勝ち目はない」・「お他人様」と言う。相手の表情や態度を「つんつん」・「さっさと」・「立て板に水のように」・「自分勝手」と、みている。利用者は、自分の存在や要求、感情が大事にしてもらえず、不安や不満・悲しみ・恨みを感じている。

このように、‘つながり’が作れる状態と作れない状態の‘かみ合う交流’の心理的な体験を比較すると、自分の身体・存在・考えや感情・持ち物など自分の「大事なもの」が、ホームの人々に「大事にされる」・「大事にされない」という違いとしてとらえることができる。そこで、筆者は‘かみ合う交流’の重要な点は、利用者の「大事なもの」が「大事にされる」関わりであるととらえた。

(2) 利用者の「大事なもの」の多様性

利用者の「大事なもの」は何か。いろいろ「大事なもの」があるのか、唯一の「大事なもの」にこだわっているのかを知る必要がある。

‘つながり’が作れる利用者・安定している利用者は、ネガティブな体験もしているが、関心を広くもってホーム環境のなかでポジティブなことを見出したり、作り出したりしており、話題も感情も豊富である。つまり「柔軟に動く関心」をもって環境と関わり、いろいろ「大事なもの」がある。

「大事なもの」には、健康・身体など生命に関わること、持ち物・食物などのモノ、介護・看護のケア、独自の‘個人生活ルーチン’、考えや信念・感情・疑問や要求・人間関係・趣味・役割など幅広い。これらのうちいくつかが「大事にされる」と利用者は満足し、ホーム生活の限界を現実的にみている。

反対に、‘つながり’が作れない状態にある利用者・不安定な利用者は、ある特定のことについて不満を言い続けている。一時的にほかのことに関心が向いても、すぐその不満のある話に戻る。利用者の「大事なもの」は特定の事柄であり、そこに「固定化した関心」を向け、それが「大事にされる」ことをあくまで要求して、周りの人と対立しがちである。

(3) ‘かみ合う交流’——「大事なもの」が「大事にされる」

心理職相談員として、利用者の「大事なもの」が「大事にされる」関わりをすることを基本にしようと考えた。‘つながり’が作れる状態の利用者には、「柔軟に動く関心」を維持して、自分の感情や要望、身体や生活が「大事にされる」体験が続くようにすることがサポートになるだろう。

作れない状態の利用者にも、まず、「固定化した関心」である「大事なもの」が「大事にされる」関わりから始める必要がある。「固定化した関心」はケアへの不満などネガティブなことがほとんどなので、職員からみれば早く取り除いてほしいことである。しかし、「固定化した関心」は利用者の今の「大事なもの」であるから、無視したり、否定したりすることはできない。職員にとってポジティブ

■図4　「大事なもの」が「大事にされる」‘かみ合う交流’による援助

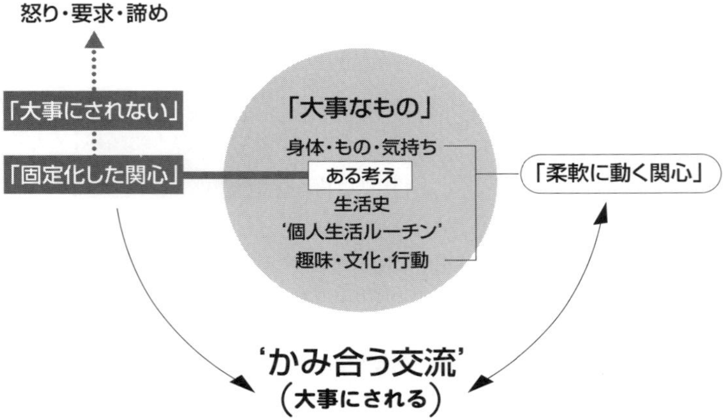

かネガティブかに関わらず、利用者の「大事なもの」が「大事にされる」ことで、利用者は生活適応をしていくことができるからである。ただ、「固定化した関心」を強めたり、続いたりするような関わりでは問題は改善しない。「固定化した関心」を緩めて、「柔軟に動く関心」に変化するように関わる必要があろう。このような「大事なもの」が「大事にされる」‘かみ合う交流’の援助を図4に示した。

利用者の健康も環境も変化する。‘新たな出来事’によって、思い掛けない変化もあるから、時間の流れに伴う展開を待つ姿勢も重要である。また、パーソナリティの変化を求めるのではなく、その日1日・1週間が気持ちよく暮らせるような短期的な目標が現実的である。面接の回数や時間・場所も体調に合わせて、柔軟に設定する必要がある。

Ⅱ　新利用者の‘つながり’援助

1. 新利用者の特徴と援助の方針

ほとんどの新利用者は、入居過程で「大事にされない」体験をしているようである。入居先も選べず、納得できないままに入居せざるを得なかったという無力感があった。入居後も、ホーム環境で不安や不満を感じても、どうすることもできない無力さを感じていた。そして、ホーム生活に対しても自分に対してもネガティブな感情や評価がみられた。遠慮や沈黙・帰宅欲求・自閉・心気的訴えもあった。このような反応は無理もないことであり、利用者が自分を守るための反応でもある。

しかし、ホームや自分に対するネガティブな感情や認識が続くと、生活面にも心身にも悪影響が心配される。また、誤解に基づくネガティブな反応もある。そこで、生活適応を進めるには、新利用者が「大事にされる」と感じるような関わりによって、無力感を和らげ、誤解を解くことが必要である。そして、「柔軟に動く関心」をもってホーム環境との関わりができるようにサポートすることが有用であろう。そこで、入居直後から「新利用者面接」、その後のフォローとして「日常場面での関わり」を行った。

2.「新利用者面接」と「日常場面での関わり」

(1)「新利用者面接」の目的と手順

「新利用者面接」の目的：「新利用者面接」の目的は、第1に、ホームが新利用者に対する今後の援助を検討する時に参考になる資料を得ることである。第2に、不安や不満・誤解・要望などを早期発見・早期介入して、ホーム生活に安心感をもってもらうことである。第3に自分の意思や感情を伝える効果や手応えを感じてもらうこと。利用者の気持ちや要望はホームにとっても「大事なもの」であることを伝え、利用者が「大事にされる」実感をもってもらうことである。

「新利用者面接」の手順：面接の前に、新利用者に関する行政機関やホームが作成した資料を読んだ。2000年3月までの制度では、資料の大半は心身状態の情報・家族や社会的、経済的な状況・入居の理由と経路である。ごく簡単に、生活史・入居経緯・性格や対人関係の特徴もある。介護保険制度後は、ほとんどが身体的情報とケアプランである。個人の生活背景や人柄・ホーム生活への期待や不安は、直接「新利用者面接」で得ることになる。

自己紹介の訪問：入居数日後、新利用者の居室を訪れて自己紹介をする。「ホーム職員の○○で相談員をしています。利用者の方とお話をしたり、困っていることなど伺ったりして、皆さんが少しでも気持ちよく暮らせるようにお手伝いをしています」などである。新利用者の多くは突然の訪問に戸惑ったり、警戒したりした。民生委員や役所の職員と思う場合も多い。新利用者に筆者の役割がわかりにくいのは当然なので、ホームでは利用者の話をゆっくり聴く相談員がいることを伝えるようにした。様子をみて体調や生活の様子を聞いたり、苦情や要望を聞いたりした。ベッド脇の壁に貼ってある子どもや孫の写真やリハビリで作った作品を話題にすることもあった。

(2)「新利用者面接」の実際

「新利用者面接」は施設の援助資料となるので、ある程度ホーム生活を経験してからのほうがまとまった話が聞ける。そこで、入居約1カ月後に「新利用者面接」をした。面接シートはA3の用紙1枚で、氏名・生年月日・入居日・面接施行日・面接者・身体レベルと認知症レベル・金銭管理・年金などの項目がある。心理職が聴く項目は、困っていること・疑問点・楽しみや張り合い・要望・他の利用者や職員との関係・ケアやホームの感想・将来のことなどである。

利用者を居室や食堂に訪ねて「1カ月たちましたが、ホームの生活に慣れましたか。体の調子はいかがですか。わからないことや困っていることなど様子を伺いたいのですが、30分くらいお話しをしてよろしいですか」と伝える。そばに座って、新利用者が話しやすい項目から自由に話をしてもらう。

最初は、アンケート調査と思ったり、遠慮や警戒をしていたりして「皆、良くしてくれる。何も問題はない」と答える人が多い。面接を始めて10分くらいしたら、他の利用者の例をあげて話すこともあった。「病院だと思って入った方やお茶を飲む場所やお金のおろし方がわからない方。部屋が暑い、寒いとか、食事が合わないと言う方もいました」などである。他の利用者の例を聞くと、「私はそんなことはない」・「私も病院みたいな所と思って入った」・「夜中にお腹がすいて困る」などと具体的に話してくれた。「新聞をとりたい」・「眠れない」などの要望や苦情のもあった。「何も問題はない。有難い」と終始する人もいた。

ホームへの誤解もあった。「病院のようにみてくれない」と病院との混同、預け金や寄付金のこと、栄養が足りない・お茶が飲めないなど食事に関すること、話せる人が全然いないなどである。誤解は訂正できることは訂正したり、お茶の飲める場所に案内したりした。

「将来のこと」について聴くと、「旅行に行きたい」や死や葬儀について話す人もいる。その場合でも、「子どもがしてくれると思う」などと、明確に何かを決めているわけでないことが多かった。

質問項目以外に、入居経緯や入居の気持ち・生活歴・家族のことなどを語り、「姥捨て山に捨てられた」・「家族に急に言われて入った」・「1人で生きていかれないから仕方なく入った」など、怒りや涙をまじえて話す場合もある。どんな話題でも聴き、安心して話せるように応対すると「聞いてもらってすっきりした」・「楽しかった、また来てください」と喜んでくれる場合が多かった。面接結果を管理職に提出したり、利用者の要望がある時はフロア主任に伝えて対応してもらったりした。

(3) フォローアップの「日常場面での関わり」

「新利用者面接」の後、どのような生活をしているか、問題や要望は改善・解決されたかをみるために、居室や食堂などで「日常場面での関わり」をした。新利用者なりにホーム生活を作り始めているので、邪魔にならないように場面や時間を見計らって話を聞いた。

戸惑いや不安・不満を感じている場合も多く、どんなことでも丁寧に聴くようにした。それらを、福祉職や介護職に伝えたいのか、どのように伝えたら良いかと、新利用者の希望を尋ねた。新利用者はホームや職員の反応を気にして、「知らせないで」と言う場合が多かった。新利用者の意向が第一であるが、筆者が職員を信頼して伝えるように勧めることもあった。

現場のフロア職員に伝えることになったら、利用者が安心できるような内容や表現を共に考えた。要望や苦情を伝えると、解決はできなくても何らかの対応はしてもらえることが多く、利用者は「伝えて、良かった」という体験をすることができた。このようにして、少しでも、自分の気持ちや要望が「大事にされる」体験をしてもらえるようにした。現場のフロア職員の協力が非常に重要なので、心理職相談員自身が信頼できる他職の職員との連携を密接にしておく必要があった。

新利用者がホームや職員に感謝の気持ちをもっていても、うまく伝わっていないこともあった。感謝やポジティブな評価は、新利用者が何を「大事なもの」にしているかを知る手掛かりになるので、面接報告書に書いて提出し、ケアに役立ててもらうようにした。

(4) 新利用者が「大事にされる」と感じる体験

利用者の感覚・感情・考えが「大事にされる」

地域生活の経験からみれば、ホームの生活環境に不安や不快感・不満をもつのは自然である。それらの反応を「神経質」・「集団生活では仕方ない」とすると、新利用者は自分の感覚や感情・考え・行動を否定されたと感じたり、自分が間違っているのかと混乱したりする。問題の解決方法もなくなって自信をなくす。問題を解決できなくても、職員が利用者の辛さを受け取ることで、利用者は少し安心したようであった。自分の感覚や考えが「大事にされる」なら、自分は正常なのだと思える。わかってくれる職員がいることも安心である。職員はホームの業務に慣れても、地域生活の感覚を持ち続け、ホーム環境に対する問題意識を失わないことが重要である。

手早く、気持ち良く対応してもらえる

職員には些細なこと、急ぐことでもないことに見えても、本人には緊急で「大事なもの」である場合がある。車椅子やベッドの調整・新聞購読・パンをトーストする・靴下の購入などである。このような「新利用者面接」で出た要望に、職員が早く対応してくれることがあった。ささやかなことでも、気持ち良く対応してもらえると、利用者には「大事にされる」体験となって、職員への信頼感を深める機会になった。

何でも話せる場がある

新利用者の話題は不満や要望だけでなく、思い出や家族、ニュースや天候・相談・悪口・愚痴・将来の不安や死の話など幅広い。話題も表現も自由に話せると、利用者には気分転換になり、感情を豊かに味わったり、考え方を確かめたりできたようである。このように、どのような話題や感情でも「大事にされる」場があることは、遠慮や無力感を和らげる機会になったと思われる。

ホーム生活の生き生きした面を知る

不安や不満だけを話題にすると、ホームのネガティブな面が「固定化した関心」になり、ホームの良い点に気がつかなくなる。ホーム環境には生き生きとした明るい面があるので、それを示すことが重要である。庭の草花・犬猫や金魚・小鳥などの動物・ボランティアの訪問・園児や学童との交流・学生の実習・バザーや祭りなどに「柔軟に動く関心」を向けてもらう必要がある。筆者も、そうした話題や場面に新利用者を誘い、自然や人と触れ合う機会を活用した。一言の挨拶・笑顔や会釈にふれて‘かみ合う交流’を体験し、新利用者は自分が「大事にされる」と感じ、気持ちが明るくなる様子もみられた。

III 安定した利用者の‘つながり’援助

1. 利用者の特徴と援助の方針

安定して過ごしている利用者は、先に述べたように、話題は豊富で感情も豊かである。自分にも周囲にも偏らない「柔軟に動く関心」を向けて、いろいろなことを「大事なもの」としている。職員に自分は大事にされていると感じて、安心感や感謝の念をもっている。

このような利用者は、その人なりの‘つながり’を作り、‘個人生活ルーチン’を維持しているから、この安定した状態を維持し、不安定になった時にはうまく乗り越えられるような関わりが生活適応のサポートになろう。

しかし、実際は、長期利用者や安定している利用者であるために、かえって直面しやすい問題もある。たとえば、職員から声を掛けられる機会が少なくなることである。周りに気づかれないまま‘無理な自己処理’を重ね、孤独感を味わっていることもある。この点への配慮も必要であると考えて、「日常場面での関わり」をすることにした。

2.「日常場面での関わり」

(1)「日常場面での関わり」の目的と手順

「日常場面での関わり」の目的：食堂や居室で何でも気軽に話したり、共同作業をしたりするなかで、利用者の気持ちや考えなどが「大事にされる」ように関わり、生き生きとした‘かみ合う交流’を楽しむことが目的である。援助を求めやすい関係を作ったり、現在の‘つながり’や‘かみ合う交流’を強めたりすることもできるのではないかと考えた。

「日常場面での関わり」の手順：はじめ、利用者には心理職相談員は何者だかわからない。また、利用者の生活場面に入ることは、プライバシーに関わることにもなる。そこで、まず、日常の生活場面に受け入れてもらうことが必要になった。

「新利用者面接」の時と同様に、胸に「相談員」と氏名を書いた名札をつけ、新利用者への対応と同様に自己紹介をした。ここでも、民生委員・オンブズマン・修理屋・ホームの名誉になることを聞いて報告する人・スパイなどと言われることもあった。カウンセラーと言うほうがわかりやすい時もあった。プライバシーの問題は重要であったので、個人的な話や不安・不満は利用者の許可なしには他言しないと伝えた。話をしなくても、挨拶や会釈程度でも多くの利用者にふれるようにして、徐々に顔見知りになるようにした。話のなかで問題があれば、面接報告書を提出したり、担当職員に直接伝えて対応してもらったりした。

(2)「日常場面での関わり」の実践と利用者の話の例

実習で親しくなった利用者がいたので、フロアの個人的な生活領域には入れてもらいやすかった。話の糸口は体調や天候などだった。10分くらい隣に座って話をしていると話が深まることが多かった。雑談から用事・相談事までいろいろな話をした。次第に、筆者を見かけると、「今日は月曜日ね。水曜日ね」などと言われるようになり、話をする利用者が増えた。警戒的だった利用者が話に来ることもあった。「日常場面での関わり」では、利用者の話題はバラエティに富み、戸棚や衣類の整理・メガネ拭き・手紙の代筆・職員への伝言など小さな用事もした。飲まなかった薬をわからないように捨ててと頼まれることもあった(表2)。不満を聞いても、実効性のあることはできないことも多いので、「あんたに言っても、何も変わらない。言

■表2　話の内容の種類と割合

話の内容		割合
1	生き方・信条・生きがい・自分の性格	21.9％
2	心身の状態・痴呆化の怖れ・死・葬儀	21.7％
3	職員、他の利用者との関係	20.6%
4	生活史・思い出・家族の話	16.6%
5	日常生活の出来事・社会・ニュース	11.2%
6	具体的用件の依頼	2.8%
7	帰宅欲求・被害妄想・暴言・自殺念慮	2.3%
8	その他:相談活動・相談員など	2.9％
	合計	100％

（2000年度の筆者と利用者との関わり）（小倉,2004）

う甲斐がない」と言われることもあった。

利用者の話の例

健康について：「味が戻ったんです。サイダーの味しかしなかったけど、ご飯の味がするんです」。「ちょっと髪毛が増えてきた。そうしたら、もう少し、生きてみたいって気持ちになった。自分がそういう気持ちになるなんて」。「最近、髪の毛が黒くなってきた。とろろ昆布を毎日食べているから」と喜んだり、照れたりしながら語った。「死に方がわかる」・「ボケとは何か」など本を見せてくれる利用者もいた。

利用者は健康に関して不調を訴えることが多いが、このように健康が回復した喜びや健康管理の話もある。利用者が健康に気を配り、体を労わり、命を大事にしていることを感じた。

職員の配慮：「職員さんが帰る時、『布団は足りていますか。寒いから、よく掛けて寝てくださいね。明日も来ますね』と言ってね、私らのことを忘れていないことがわかって嬉しかった」。「正月の料理は良くできていた。職員さんは大変だったろう。〈立派なお料理？〉それもあるけど、隠し包丁がしてあって、食べやすく作ってあった」。

利用者は、職員が何気なくしていること、当然のようにしていることに細やかな配慮を感じ取って、感謝していることがあった。

自分を語る：「私は、子どもが死んだ時でも泣かなかった。皆に『涙も出ないのはおかしい』と言われても、私は泣いても何も変わらないじゃないか、と思った。でも、最近は涙が出て仕方がない。この前も歌を歌っていたらわっと泣き出しそうになりました。自分が変になったのかと思っていたら、テレビでそういうこともあるんだと聞いて安心しました」。「ホームに入って我慢強くなった。人が許せるようになった」。「昔は言いたいことを言っていたけど、今は、歌を忘れたカナリアだ」。

利用者は、自分にこのような感情があるのかと驚いたり、寛容になったと感じたり、ホームに入って自分は変わったと思っているようである。利用者はさまざまな話題で自分を語り、感情を表現した。「こんな話ははじめ聞いてもらった。有難う」と言うこともあった。自分を語ることで満足したり、ほっと落ち着いたりしているようだった。

日常生活や社会について：「栄養士さんが替わったら味付けが全然違う。西洋料理みたいになった」。「今日は終戦記念日だけど、誰も何も言わないね」。「最近の世の中は怖い。物価も上がっている。ホームにいれば安全だ」。「モノレールはいつ開通するの。5年後？　その頃、私は生きていない」。

ニュースや社会に関心がある利用者、本や新聞をよく読んでいる利用者もいて、職員や筆者に解説したり、社会や政治についての意見を言ったりした。暗いニュースを見聞きすると、ホームにいるから安心だ、と感じているようだった。

死について：「長生きは恥多し。下の世話やボケは皆に迷惑を掛ける」。「100歳になるのに、隣の部屋のおばあさん。毎晩着替えさせてもらうのに、『お願いします、お願いします』って言う。かわいそうに、そんなこと言わせないで先にしてあげれば良いのに。あんなふうになるのかと思うと、長生きはしたくない」。「いつ死んでも良いけど、正月には病気にらないように、死なないように気をつけている。忙しい時期に迷惑を掛けるし、死んで仏間に一人にされる時間が長くなるから寂しい」。

このように、利用者は下の世話になるなどして職員に迷惑を掛けたくないと言う。それは自分が恥ずかしいだけでなく、そうなると他の人に恥をかかされることを怖れているからでもある。

「死んでもお墓がない。甥に聞いたら、お墓はもう一杯だって。本当なのか、もう一度聞いてくれない？」。「普通のお葬式、どのくらい掛かりますか」と墓や葬儀の心配をしている利用者もいた。「時代が違うし、娘にも『ホームに任せなさい』って言ってあります。ホームにお願いしてあるから安心です」とホームに任せている利用者もいる。「私の墓の写真よ」と戒名を教えてくれる利用者もいた。

利用者は、「なるようにしかならない」と言いながら、病気や老い・死についてあれこれと話した。

常識について：「ちょっと、教えてもらいたいんだけど。新聞はその日に捨ててしまうもの？　朝刊で見たい記事があったのに、もうウサギのかごの敷き紙にしてしまったって。まだ4時だよ、『おかしいよ。非常識だ』って言ったら、職員は「それが常識だ」って言う。こっちの頭がおかしくなるよ」。「私を泥棒呼ばわりをする人がいて、我慢ならないから、その人の娘に言ってやろうと思う。そんなことするのはおかしい？」

利用者は、職員や他の利用者との「常識」に違いに驚き、わけがわからなくなることがある。自分の感覚や考えが正しいことを確かめようとして、心理職相談員にも質問にくることがあった。ホームのなかで、自分の感覚・常識・価値観を守ることは大変なことである。

(3)「日常場面での関わり」の意義

利用者のペース・用件ではない話：「日常場面での関わり」では、利用者のペースで話ができた。利用者にとっては、ごく個人的な事情や気持ち・思い出など「大事なもの」を「大事にされる」機会になったと思われる。利用者は感情も豊かで、周囲をよく観察していた。命を非常に大事にして、自分を労わって生きており、命を「大事なもの」として、職員に「大事にされる」ことを強く願っていた。

何でも話せる場・時間設定がゆるやかな場であることの意義は大きいと考える。利用者は、忙しい職員とは用件以外の話をする機会はあまりない。ある特定のケアや用件が「大事なもの」であり、そこに「固定化した関心」を向けて関わる関係になりやすい。利用者の視野が狭くなり、介護要求など「固定化した関心」になりやすいのも、このような「用件のみで話す」関係の影響があるのではないかと考えられる。用件ではなく、何かを急いで決める必要もなく、あれこれと話せる「日常場面での関わり」は利用者の気持や考えを自由にする。このようなそぞろ歩き的な関わりが利用者の「柔軟に動く関心」を保ち、職員との’かみ合う交流’にもゆとりをもたせ、目立たない形で‘つながり’の援助になるのではないかと考える。

安定した状態の利用者を知る：職員が安定した状態の利用者を知っておくことは重要である。問題が起きたり、心身が衰えたりした時でも、日頃から利用者の「大事なもの」がわかっていると、その人に合った関わりのヒントが得られる。寝たきりになった時でも身体的ケアだけでなく、利用者の生き方や価値観など目に見えない「大事なもの」を生かしたケアができるのではないか。声を掛ける時にも、利用者の気持ちに合った言葉を掛けることができるだろう。

職員と家族との連携：「日常場面での関わり」は、職員と家族との連携にも役立つ。利用者が「嬉しかった」・「有難かった」と思うことを、職員は気がついていなかったり、たいしたことではないと思ったりしていることがある。特に利用者のポジティブな体験を伝えると、職員が自分の関わりを意識化したり、利用者への関心を深めたりして、‘かみ合う交流’を作るきっかけになる。

相談員が家族にフロアや居室で会った時には話し掛け、ケアに対する要望や感想を把握しておくことは重要である。利用者の生活の様子を知らせると、職員が関心をもって家族のケアをしていることが伝わる。このような日常的な関わりを積み重ねておくと、問題が起きた時にも理解し合いやすく、職員への協力が得られる。また、心理職相談員は介護・看護をしない脇役であるし、何も決定権もなく頼りにはならない。しかし、話しやすいという利点もあり、相談員と話すことでケアへの疑問や不満など家族の気持ちの整理がついたこともあった。

Ⅳ　問題のある利用者の'つながり'援助

1. 利用者の特徴と援助の方針

被害妄想・利用者や職員への不満・暴言などで、他の利用者の生活や職員の仕事に大きな影響を与える利用者がいる。ここでは、このような利用者を問題のある利用者とよぶことにする。問題のある利用者には、何かのきっかけで急に不安や不満を強めた利用者と、不満や攻撃的行動を続けている利用者とがいる。

問題のある利用者は、「固定化した関心」が唯一の「大事なもの」になっている。それが満たされないと、自分自体が「大事にされない」と感じて、職員への不信感・被害感・他の利用者に嫉妬をする傾向がある。攻撃的、抑うつ的な行動の背後に老いや病気・死の問題、甘え・依存心・不安感や寂しさがあり、「大事にされる」ことを強く求めていると考えられる。職員との関係は、「固定化した関心」である要求を通す・通さないをめぐり、互いに自己正当性を主張し、互いを否定的な「固定化した関心」でみているようである。

「大事なもの」が「大事にされる」関わり：援助の方針は、「大事なもの」が「大事にされる」関わりをするという基本は同じである。唯一の「大事なもの」である「固定化した関心」を否定したり、無視したりしない。どんな「固定化した関心」でも、それが「大事にされる」関係でなければ、‘かみ合う交流’にはならない。しかし、「固定化した関心」が「大事にされる」ことで、ますます固定化する結果にならないように工夫する必要がある。

心理的に「大事にされる」体験：現場では利用者の「固定化した関心」の対応に困っている。「固定化した関心」を緩めてほしい、取り除いてほしいという職員の要望を感じる。心理職相談員は「固定化した関心」から関わりを始め、そこから新しい「大事なもの」を見つけて、現場に伝えていく。面接で何か新しい「大事なもの」が見つかり、それを現場の職員が利用してくれれば効果があったことになる。

しかし、実際には、利用者の「固定化した関心」を緩め、他の「大事なもの」を見つけるのは難しい。新しい「大事なもの」を見つけて報告したとしても、現場職員の仕事を増やすことになるようだと、利用してもらえない。実際、ある利用者の苦情を伝えたところ、「あの人は自分に都合の良いことばかりを言う都合口だから、言うことを聞いては困る」と注意されたことがある。現場職員としては、その利用者の苦情や要求はこれまで散々聞いてきたし、十分に対応もしてきたのであろう。都合口・都合耳という言葉を聞いて、心理職相談員は職員に負担を掛けないような、仕事が増えないような形で「大事なもの」を提案することを求められていると感じた。そこで、まず心理職相談員としては、利用者が心理的に「大事にされる」体験ができるような面接をすることから始めようと考えた。

2.「問題対応面接」

(1)「問題対応面接」の目的と手順

「問題対応面接」の目的：利用者本人や職員、他の利用者が困っている問題の改善や解決をはかるためである。ほとんどの場合、職員の面接依頼の目的は、「利用者の話をよく聞くことでストレス発散をはかり、感情が落ち着くようにすること。現実認識ができるようにすること」であった。

心理職相談員としては、変化の多いホーム生活なので新たな展開も予想されることから、短期的目標で少しでも穏やかな気持ちで暮らせるようになることを目的にした。面接でストレス発散をしたとしても、生活環境や現実が変化しないのであるから、一時的な効果であろう。しかし、利用者の「大事なもの」を理解し、それが「大事にされない」怒りや悲しみを受け取ることができれば、激しい感情も少しは鎮まるだろう。感情が穏やかになれば、職員との‘かみ合う交流’の回復に役立つだろうと考えた。

「問題対応面接」の手順：「問題対応面接」は、職員から面接の依頼で始まる場合がほとんどだった。通常は面接は相談室か居室で行い、曜日・時間・回数はできるだけ一定にした。その理由は、入浴・食事などホーム日課に合わせる・面接を一定にすることで生活の秩序や規則性を回復する・面接日時を一定にすれば不安や不満を持ちこたえやすくなる・一定の時間を提供することは利用者にとっては「大事にされる」経験となって自尊心を高める、と考えたからである。非常に不安定になっている場合は、コールがあれば何度でも訪室して面談に応じた。

(2)「問題対応面接」の実践

次に報告する事例は、プライバシーを考慮して変更した部分がある。

事例 ①　特養ホームから軽費ホームへの移動

—「よく考えて、決める」ことができるように

Mさん（女性、85歳）は一人暮らしをしていたが骨折して入院し、杖歩行まで回復した。在宅生活は無理とのことで特養に入居。順調に回復し、ほぼ自立した生活になった。

職員から面接を依頼されたケースではなく、ケア記録に「Mさんが、ホームに慣れないと涙ながらに話している」という記載があったので気になっていた利用者である。1人で庭や玄関ロビーにいるのをたびたび見掛けたので、筆

者が声を掛けたことから関わりが始った。

臭い・音の苦情：「良かれと思ってしたことが、ホームでは非常識と受け取られる。オムツ交換の臭いやガチャンとベッド枠を外す音、職員の声掛けの仕方に驚くことばかり。ここでは耳をふさぎ、口をふさぐより他はない。あまりの別世界にどうやって慣れれば良いのか。気持ちの用意のないまま入ってしまった。一度家に帰りたいが、そうすれば、『戻れないかも知れない』と言われ、ここにいるしかない」と涙をこぼしながら語る。

Mさんは、入院中に入居を決めた時より、ずっと健康も回復したようだ。急いで入居したことが悔やまれてならない様子である。他人との生活には馴染めないし、人間関係の問題もある。しかし、退居したら、ホームへの再入居は保証できないのも確かである。Mさんの悩みは、ひとつひとつもっともなことである。しかし、ベッド枠を外す音には注意してもらうにしても、4人部屋では臭い・音の問題はどうしても残る。筆者はMさんの話を聴いても、どのように援助できるのかわからなかった。

その後も、オムツ交換の臭い・音が辛い、眠れないと訴えた。筆者は、Mさんは臭い・音に特に強い「固定化した関心」を向けているように感じられた。居室の状況は変わるはずもなく、Mさんの訴えは続いた。

施設移動の希望を大事にして：面接を始めて6カ月後になっ

ても、玄関ロビーや庭を歩きまわり、カーテンを締め切ってベッドに横になるなど落ち着く様子は見えなかった。「ホームには全然慣れない。ベッドは、私には体を休める大事な所。でも、他の3人には排せつする所になっている。私はトイレのなかに住んでいるようなものです。居場所がない、私はここにいる人間じゃない」。「個室の軽費Gホーム（以下、Gホーム）をみて、ショックだった。1人部屋に入りたい。よくわからないままでこのホームに入ったことが悔やまれる」と涙をこぼす。「Gホームに移れないかと主任に聞いたら、費用が心配と言われた。800万円あるから大丈夫と思う」と言う。

Mさんが G ホームへの移動を考えていることを聞いて、筆者は驚いた。前例のないことだったからである。主任に相談していることからみても、本気で考えていたのだ。Mさんの「大事なもの」は、臭い・音に悩まないで、ゆっくり落ち着ける居場所である。しかし、臭い・音と同様、施設移動は心理職相談員が関与できることではない。Mさんに合った居場所を特養ホームでどこかに作れないか、もう少しすればホームで落ち着くのではないか。これ以上、85歳のMさんに我慢してもらって良いのかなど、と考え込んでしまった。

「夜のオムツ交換の音で飛び起き、息苦しくなる」と訴える。かなり不安が強くなっており、このままにしておけないと感じたので、筆者は特養ホームとGホームの園長に移動の問題を尋ねた。介護保険制度が始まる時期であったためか、移動は不可能ではないようである。M さんに、園長に直接会って移動の相談をするように勧めた。

「よく考えて、決める」ことができるように：G ホームの短期入居を試みたところ、M さんは「思ったより体力が落ちていて、G ホームの生活はきつい。複雑な人間関係もあるようで無理かな」と諦めた。その後もフロアでは落ち着かないので他のフロアへ移動をしたが、やはり「音がうるさい」と静かな場所を探して過ごした。面談では「今は G ホームで暮らせても、すぐついていけなくなるかもしれない。86 歳だから動かないほうが良いのか」と迷っていた。

M さんは、体が弱くなったらホームに戻りたいのである。その気持ちを確認して、特養に再入居できるように園長に遠慮しないで伝えるようにと勧めた。筆者からも園長に報告した。希望は尊重するという回答を得て、M さんは「皆さんが心配してくれて有難い。ゆっくり考える」と落ち着いた。

「1 人部屋に入れて良かった」：2 度目の短期入居では、ホームで親しくなった職員が G ホームに異動したこと、特養ホーム園長も短期入居の様子を見に来てくれたことに安心した。特養ホーム入居後 1 年 5 カ月で G ホームに移動した。筆者が訪室すると「皆さんの応援で初めてのケースとして移ることができた。自分ですることが多くて疲れますけど 1 人部屋に入れて良かった」と言った。

考察

入居当初からホームに馴染めず、1年半後に併設の軽費ホームに移動したケースである。特養ホームとの‘つながり’を作る援助はできなかった。しかし、入居後に健康状態が変化した利用者が、自分に合った生活の場を「よく考えて、決める」プロセスを「大事なもの」として関わったケースだった。

はじめ、Mさんは、オムツの臭い・音の問題に「固定化した関心」を向け、その問題の解決が「大事なもの」であるように見えた。しかし、本当に「大事なもの」は、自分のペースで静かに過ごせる場所であった。人間関係から離れるためにも、1人になって休めるベッドは本当に「大事なもの」であったから、臭い・音は辛いことであった。

しかし、ホームの居住環境からみて、臭い・音の問題から解放されることは望めない。1人になれる場所が「大事なもの」だとわかっても、筆者には何もできないと感じた。

面接のなかで、「Gホームの個室をみて、ショックだった」と言うように、Mさんの「気持ちの用意のないまま」・「よくわからないまま入ったことが悔やまれる」という思いも「大事なもの」として聴いていた。この後悔は、Mさんのやり場のない悔いとなって、自分を苦しめていると感じられた。他の利用者からも、入居過程で「自分で決められなかった」という話を聞いていたので、Mさんの状況は他の利用者とも共通する問題だと思った。

Mさんにとって、1人になれる場所を得ることは重要であるが、自分の居場所を「よく考えて、選ぶ」ことも「大事なもの」である。ただ、「よく考えて、選ぶ」ことができる状況が必要である。幸い、筆者もMさんも園長に安心して相談することができて、移動は不可能ではないことがわかった。そして、Mさんは「よく考えて、選ぶ」試行錯誤の過程をたどることができた。特養ホームとGホームが隣接し、職員の交流があり、両ホームの園長達も丁寧に検討し、2度の短期入居を試みてくれた。このようなホームと職員のネットワークのなかで、Mさんは移動するかしないかではなく、「よく考えて、選ぶ」という最も「大事なもの」が体験できたのではないかと考えられる。

Mさんは職員の異動など施設間でこれまでの‘つながり’が継続できることに安心し、思い切ってGホームへの移動を決めることができたと考えられる。このケースのように、施設間に、職員やケアサービス・利用者の交流があれば、1つの施設で作った‘つながり’や‘かみ合う交流’は別の施設でも生かすことができる。せっかく作った‘つながり’は貴重なものである。移動で失うことないようにすれば、新しい場所でスムーズに新しい生活を始めることができるだろう。

Mさんがいずれこのままでも生活適応していくだろうと期待して「見守り」をしていた期間があった。その「見守り」で、Mさんの 辛さを‘無理な自己処理’に任せていたのではないだろうか。利用者は、「一度入居すればそこから動けない。移動すれば戻れない」と思っていることが多い。それは、どのホームでも同じであろう。また、心身状態がいつ変化するかわからないから、高齢者は移動したくても諦めて現在の場所にとどまることを選ぶ。心身の状態や生き方に合わせて施設を「よく考えて、選ぶ」ことができて、移動も柔軟にできるならば、どんなに要介護高齢者にとって自分が「大事にされる」体験になるだろう。

事例 ② 新利用者が来てから不満が強まった利用者
—職員の温かな関心と居場所を取り戻すまで

Aさんは85歳、単身生活から83歳で入居。大卒後、大企業に勤務。子会社の社長になるが倒産。妻とは離婚。子どもは2人で娘は近隣にいるが病気がちで、息子は遠方である。車椅子使用であるが、会話に不自由はなく、自立度が高い。

面接依頼書には、「Aさんは身体的訴えが多く、自分の考えを押し付ける。Sが入居後、職員の対応に不満を言うようになり、最近は、大声を出すなど感情が不安定。相談員が話を聞いてストレス解消をはかってほしい」とあった。Sは、70歳の男性利用者で松葉杖歩行の新利用者。大声で職員を呼び、自分のケアを優先させ、頻繁にコールする。気に入らないと、職員や他の利用者を怒鳴ってこぶしを突き出す。「Sは気が狂っている」などと他の利用者も恐れていた。フロア主任は新任の若い男性である。

「あいつが来てから」失った「大事なもの」：「Sって奴、あいつが来てからすっかり雰囲気が悪くなって、食事も楽しくなくなりました。とんでもない奴で、職員を怒鳴って家来のように呼びつけて、自分でできることも職員にさせる」。「職員はSが呼ぶと、『はい、ただ今』なんて飛んで行って弱い人の世話は後まわし」と、Sと職員とを強く非難する。「私はSより年上だから、最後までこの生活が続くのですね」と涙ぐむ。「変な夢をみる」と不安そうである。

Aさんは外見は自立度も高く、話もしっかりしていた。話題はSと職員への非難と夢の話だけである。「あいつが来てから」すっかり変化してしまった職員との関係・失った職員の関心・食事を楽しむ場所。Aさんは、これら「大事なもの」の回復を賭けた戦いをしているが、「最後までこの生活が続く」という絶望感のなかにいるようだった。介護をめぐる利用者同士の争いである。「変な夢をみる」という訴えからは、Aさんは身体的な衰えを感じており、介護要求が強くなっていることも考えられた。

フロアの外で「大事にされる」：フロア以外のところであっても‘つながり’・‘かみ合う交流’を作り、「大事にされる」体験をしてもらう必要がある。そこで、事務職や栄養士など、フロア以外の職員にAさんへの声掛けや話をしてくれるように頼んだ。温かな関心を寄せてもらえば、Aさんの気持ちも和らぐのではないかと考えた。事務職や栄養士・売店の人・運転手・併設の施設利用者と売店の周りで話をしたり、笑ったりすることもあって、フロアの外で「大事にされる」体験はできるようになった。

面接室で、筆者は週1回の面接をした。コーヒーを入れ、Aさんの体験や気持ちを聴くようにした。主任には、「Aさんは自分の存在と健康に関心をもってもらいたいと思っている。声掛けが有効ではないか」と伝えた。主任は「Aさんはもともと身体的な訴えが多い人です」として、筆者の提案には同意しなかったが、声掛けを多くすることは承知してくれた。しかし、Sの対応に追われて状況の変化はないようで、Aさんの不満は続いていた。

フロアからの疎外感：相談員や事務職との関わりがサポートになっているようで、面接時間の10分前には部屋の前に来ていた。面接では、「コールしても職員が来てくれない。誰も見ていないところで、倒れたら」と不安を訴えた。Sのケアを優先することに苦情を言ったところ、主任に「私達は全体を見てしている」と言われ、「全体とは何か。私は全体に入っていないのか。職員の考えていることがわからない」とショックを受けたようだった。「こんなに感情が高ぶるなんて」と涙をこぼしたりかなり疎外感や不安が高まっている。「健康不安や介護不安から、密接な接触を求めている」と面接記録や主任との話のなかで伝えたが、Sや他の利用者の対応で精一杯のようだった。「Sの姿を見たくないから、食事時間をずらしたい」と主任に頼むなど、Aさんはひとりで食事をしたり、他の階で過す時間を長くしたりした。

やがて「食欲がない」・「ゆっくり休めないので疲れる」・「変な夢をみた。自分はおかしいのではないか」など訴えるようになった。Sにつかみかかって、Aさんのほうが問題だと職員に注意されたりした。やはり、食事時間をずらしたり、他の階で過ごす時間を長くしたりするのは無理だった。

「念じるとホーム戻れる」：Aさんは家に帰れない夢をたびたびみていた。ある時、「夢で帰り道がわからなくなったら、ぎゅっと目を閉じてホームに帰ろうと念じると、ベッドに戻れる。良い方法を見つけました」と嬉しそうに実演してみせた。Aさんには自分のフロアが唯一の居場所で「大事なもの」だった。

ようやく、フロアに戻る：相談員や他の職員との良い関係ができても、自分のフロアから離れてしまっては、Aさんには落ち着く所がない。早くフロアで安定してもらう必要があった。主任に「Aさんは、主任と担当職員の関心を一番求めている、主任の関わりならどんなことでも有効だ」と筆者の意見を伝えた。Aさんの「大事なもの」は、常に主任らの関心とフロアでの居場所であったので、主任に頼むことしかできなかった。

状況が急に変わった。フロア職員が他の階のソファで寝ているAさんを見つけ「風邪をひいたり、転げ落ちたりしては危ない」と感じ、主任も「Aさんが第2のSになっては」と心配し始めた。また、Sが精神病院に入院し、フロアはもとの落ち着きを取り戻した。

主任に「大事にされる」安心感：主任は積極的にAさんに関わり始めた。主任が「Aさん元気、どうですか」と声を掛けると、Aさんは機嫌よく返事をし、タオル畳みを頼むと快く引き受けた。職員ステーション前のテーブルで作業をするようになり、Aさんは新しい役割を得ることができた。面接では、「私は主任や職員に大事にされている」と言い、職員との'つながり'が回復してきたようである。面接を始めて1年、自分の存在が「大事にされる」実感をもち、フロアでの'つながり'感も感じられるようになった。他の利用者の批判をすることもあるが、病気の利用者を見舞ったり、主任と外出したり、「大事なもの」がいろいろできているようだった。

'個人生活ルーチン'としての面談：フロア職員との'かみ合う交流'・'つながり'の回復という面接目的は達したが、定期的な面接はAさんの'個人生活ルーチン'として定着していたので、'つながり'の安定のために継続した。ホーム生活・思い出・健康・仕事などへの「柔軟に動く関心」は維持された。夢の話をして「こんな夢を見るのは頭がおかしいのですか。死ぬ夢ではありませんね。もし、そう思っても言わないでください」と言った。筆者は夢の話を聴いていると、Aさんは人生の振り返りや死の準備をしているような感じがした。関心をもって話を聴くだけでも、Aさんは満足しているようだった。

数回の入院をはさみ、Aさんとの面接は合計1年半続いた。主任は入浴時間や定期検診の順番を調整して、面接時間を一定にしてくれた。亡くなるまでフロアの生活は落ち着いており、最後の面接では、Aさんは「紅白のお饅頭がきれいに並んでいて、その真ん中に仏像がある夢をみた」と語った。

考察

Aさんは、新利用者Sによって、これまで「大事なもの」であった職員との関係や自分の居場所を一挙に失い、「大事にされない」と感じるようになった。Aさんは職員のケアのあり方に不満を言ったことで、関係がさらに疎遠になったと不安になった。その背景には、Aさんは健康不安・死の接近感などから、職員のケアを求める気持ちが強まり、職員に厳しい言い方をしてしまったこともあると思われる。

Aさんが、職員に求めていたものは介護というより、自分の存在を忘れないでほしいということだったのではないか。今の自分が「大事にされない」なら、今後も「大事にされない」であろうと、「最後までこのままなのですね」

と絶望的になった。主任の「私達は全体を見ているのです」という言葉に、A さんは「全体とは誰か。自分は入っていない」という‘つながり’感のなさ、絶望的な疎外感を感じたのではないか。コールに応えてもらえないのは‘つながり’が切れていること、食事が楽しくないのは和やかな輪から外れていることとして感じたのであろう。

職員と S との密接な関係。そこに「固定化した関心」を向けて、「こんなに感情が高ぶるなんて」・「頭がおかしいのではないか」と思うほど、疎外感や怒りや嫉妬・恨みがつのっていく。そうした行動には甘えや退行・家族への不満も含まれ、ケアの問題だけではないだろう。ただ、利用者の「大事にされる」ことへの希求、「大事にされない」ことの苦しさ、居場所のない不安感は、「大事なもの」として誰かが受け止める必要がある。

A さんは、自分のフロア以外の職員との‘つながり’のなかで「大事にされる」ことによって、ある程度の落ち着きは取り戻した。しかし、「念じると、ベッドに戻れる」と言うように、A さんの「大事なもの」はフロアで「大事にされる」ことであった。職員が考えているよりも、利用者にとって職員との関係、フロアでの居場所はきわめて「大事なもの」なのである。その大事なフロアに早く戻れるように、主任との‘かみ合う交流’ができるようにする必要があったが、S が退居するまで実現できなかった。その間、A さんは‘無理な自己処理’をしていたし、主任は

Sへの対応に追われる一方で、Aさんや筆者からの苦情や要望もあり苦しい立場にいた。

Sが入院することからみても、Sの行動はフロア全体を揺るがすほどの強い影響を与えていたと言えるだろう。さまざまな利用者が集団生活を送るホームでは、誰のどのケアを優先するか、居場所を守るかについて絶対的な基準はない。ただ、フロアで疎外感を感じている利用者がいる場合、面接場面など他の場で、その人の‘つながり’と‘かみ合う交流’を緊急避難的にでも提供する必要はある。

事例③　他の利用者への暴言が続く利用者

—職員と共有できる「大事なもの」故郷を見出すまで

入居7年目のRさん70歳男性は、酔って交通事故にあい、5年前に入居。車椅子使用であるが自立度は高く、コミュニケーションに支障はない。入居以来、寝タバコや酒などの問題が続き、退居も検討された。建築作業員など職を転々とし、妻とは死別、子どもはなく、兄弟から絶縁されている。

面接依頼書には、「精神科医によると、常識・良識が通じない脳の状態。これまでの関わりから考えて自己覚知は望めない。感情が爆発しないようにストレス発散をはかって欲しい」とあった。現在の問題は、1歳年上の男性利用者Oさんを職員が介護していると、Oさんに「自分でやれ、甘えるな」、職員に「自分でやらせろ、甘やかすな」

と怒鳴り、職員が「O さんは、足が悪い」などと説明すると、さらに興奮することである。

O さんと職員とを攻撃するほかは、同じテーブルの 3 人とは、お茶を飲んだり、R さんの得意の話題である天気予報とプロ野球の結果を話したりしている。O さんは黙ってテレビを見ている利用者で、娘がいる。

「どうせ、可愛がられない」:「ホームには規則がない。O みたいな奴の面倒をみて甘やかしている。自分のことは自分でするように職員が教育しろ」。「O は、1 歳上だけなのにオムツとは情けない。自分で取替えろ。娘にやらせろ。職員があいつを甘やかすから、ああなるんだ」と O さんと職員への批判が続く。一方「自分はできることは自分でする。団体生活だから気を使うのが人間だ。シーツ交換の時はこういうふうに半分はがしておく」・「俺は金なし、家族なし、可愛げなしだから、どうせ年をとっても可愛がられない」と言う。兄弟に絶縁されているとも言った。

R さんの話は、O さんと O さんを介護する職員の批判に集中している。R さんは、O さんと職員に「甘えるな。甘やかすな」と要求し、そこに「固定化した関心」を向けている。年齢も近い O さんが介護されていると、自分の行き先きをみる思いがするし、O さんのように娘もいないし「金なし」であるから、職員に「大事にされない」と不安がつのっていく。自分は気を使っているのに、職員にうまく甘えて「大事にされる」Oさんを許せないと嫉妬や怒りにかられる。大声で伝えているのは、自分への職員の温かい関心、職員に「大事にされる」安心感がほしいということだろう。

職員は、Rさんの対応には苦労を重ねており、「常識・良識が通じない脳の状態」と思っている。Rさんとはとうてい‘かみ合う交流’は望めない。せめて、面接でストレス解消をして、フロアで感情を爆発しないようにできれば良いと思っている。ただ、Rさんは何人かの他の利用者やリハビリ室の理学療法士とは親しい。Rさんは‘かみ合う交流’が全くできない人ではなさそうである。

「甘える・甘やかす」へのこだわり：理学療法士にリハビリ再開を頼むと、野球好きのRさん向けにボール投げなどのメニューを作ってくれ、Rさんもリハビリを再開した。「問題対応面接」は居室で週2回行った。面接では、Oさんと職員を「甘える・甘やかす」と批判し続け、自分はどんなに団体生活のなかで「気を使う・規則を守る」かと主張した。「甘える・甘やかす」と「気を使う・規則を守る」は、Rさんの生き方に関わる「大事なもの」のようであった。

Oさんや職員を非難することが‘個人生活ルーチン’になっており、得意な天気や野球の話題を取り上げても、すぐに強い批判に戻った。「甘える・甘やかす」と「気を使う・規則を守る」は「固定化した関心」なので、それを

「大事なもの」として受け止めつつも、それらを話題にすると、ますます固定化する可能性もあった。毎回、面接が終わる時、O さんが「ありがとね、また、ゆっくり話しましょう」と言うところから、面接は続けたい様子である。そこで、面接を継続すること、職員との関係がこれ以上こじれないようにすることを当面の目標にして、批判・暴言をたしなめたり、筆者の意見を言ったり、次の面接まで暴言は抑えるように頼んだりした。

人生の振り返り：「甘えるな・甘やかすな」の問題は介護現場の具体的な場面を次々と思い出すためか R さんの感情が高ぶってしまう。取り上げ方が難しいので、「気を使う・規則を守る」からアプローチすることにした。そして、自分の仕事のなかでどのように「気を使う・規則を守る」ことをしてきたのか、と尋ねた。R さんは自然に生活史・職歴を語り始め、ライフレビューのようになった。筆者は R さんの独特の生活背景・性格・価値観の一端を知ることになった。

面接報告書を提出し、担当職員にも会って、R さんのリハビリ再開や、他の利用者に対する配慮などポジティブな面や将来への不安などを伝えた。しかし、職員は関心を示さなかった。これまでの経緯から、職員は R さんのポジティブな面は認めにくいし、筆者の報告には目新しいことはなかったのだろう。職員にとって重要なのは、R さんの暴言が収まることである。暴言が一進一退のなか、「カウンセリングって魔法のように効くと思っていた」と担当職員も失望したようだった。

主任と担当職員と話し合った。R さんの独自の生活史が背景にあること、ホームや職員の対応の問題だけでないこと、「固定化した関心」を広げる工夫をしているが、時間が掛かりそうなことなどである。担当職員は、「R さんの悪い所ばかりを指摘してもだめですね。急がないで待ちましょう」と言った。

職員と共有できる「大事なもの」故郷：車椅子で散歩に出掛けると、R さんは近所の人と話をしたり、紅葉を見て故郷の話をしたりした。ある時、R さんがホームでの出棺の仕方では「死人が帰ってきてしまう」と言う。詳しく聞いてみると、R さんの故郷の葬儀について語ってくれた。それは興味深いもので、R さんの描写も詳細なものだった。そこで、筆者が「故郷の思い出を聞きたい」と言うと、R さんは喜んで故郷の風習や生活・自然・子ども時代の遊びやいたずら・祭り・スポーツ・漁港の話などをしてくれた。素朴で興味深く、生き生きとした地方の生活や仕事の話であり、R さんの故郷への思いの強さ、感受性や観察力の豊かさも感じられる話であった。故郷に絶縁されたが、R さんには故郷は「大事なもの」であることがわかった。一方、O さんと職員への「甘えるな・甘やかすな」の非難も続いていた。

故郷訪問の計画：故郷の話は、筆者と R さんとの新しい「大事なもの」になった。職員にも地方の自然や風習の話であれば抵抗がない話題だろう。そこで、R さんの許可を得て、故郷の思い出を A4 で 7 枚にまとめ、担当職員に読んでもらった。「今まで、R さんを部屋番号で考えていたんですけど、こんなところもあったんですね」と驚き、主任に渡してくれた。二人とも男性職員だったためか、子ども時代の遊びに大変興味を持った。担当職員は、R さんの故郷は日帰りで行ける。故郷訪問ができたら、R さんの気持ちも和み、リハビリ意欲を高め、職員との気持ちも通じるのではないかと考えた。ホーム職員のスーパーバイザーである大学教員にも勧められ、管理職に相談して故郷訪問の計画を立て始めた。R さんはあれこれ考えて楽しみにした。担当職員は筆者に「一緒に行きましょう」と言った。故郷訪問は R さん、職員、筆者が共有する「大事なもの」となり、‘かみ合う交流’ができるようになった。

ターミナルケア「最後までみてくれて有難う」：少し前から、R さんは食欲が低下し、喉に詰まる感じがするようになっていた。末期の喉頭がんが見つかって手術し、故郷訪問は中止になった。病院とホームを往復する生活になった。入院中はホームに帰りたがり、ホームにいる時はほとんど食べられない状態になっても食堂に出て、他の利用者や職員に天気予報を伝えて「寒くなるから長袖を着たほうが良い」と言ったり、プロ野球の結果を説明したりした。O さんが亡くなると、R さんは「後味が悪い。線香をあげたい」と言って、職員を驚かせた。

ホームは、身寄りのないRさんに最後まで対応した。職員や筆者が見舞いに行くと、Rさんは大変喜び、「気をつけて帰りな」と気遣かった。酒を持って行くと、Rさんは「体に悪いから飲まない」と生きる意欲を見せたり、「もうだめだ、終わりだ」と訴えたりした。

Rさんが亡くなり、お別れはホームで行なわれた。他の利用者や職員は「主任は心のこもった良い挨拶をした」と言った。Rさんのテーブル仲間が筆者に近寄って来て「Rさんを最後までみてくれて有難う」と言った。

考察

Rさんは、「甘える・甘やかす」の問題に「固定化した関心」を向け、それをめぐって職員と対立していた。職員は、「Oさんは、足が悪い」などと説明したが、Rさんは納得しない。すると、職員はやはりRさんは「常識・良識が通じない脳の状態」の人だという思いを強めるという悪循環になっていたのではないか。

「固定化した関心」は利用者のこだわり、「大事なもの」であるから、そこから関わりを始める必要がある。特に他の利用者の介護をめぐる葛藤は、事例②でもみたように、難しい問題である。何が正しい介護か、妥当な介護かと議論しても結論は出ない。まず、利用者が「甘える・甘やかす」問題で苦しんでいることを「大事なもの」として受け止める必要がある。

ただ、「固定化した関心」を「大事なもの」としても、固定化を強めることがないようにする工夫が必要である。ひとつの工夫として、現場・現実と少し距離をおいて話を聴いていくことが有効である。R さんには「気を使う・規則を守る」について職員の仕事に関してではなく、自分の生き方として話してもらった。そのため、R さんはホームから離れ、人生の経験に照らして「気を使う・規則を守る」についての話を展開することになった。同じ「気を使う・規則を守る」というテーマでも、「固定化した関心」でみるのではなく、自分の人生を見渡す「柔軟に動く関心」でみるようになったことで、R さんは故郷での体験を語り始めたのではないか。

故郷の話が語られる前、筆者は R さんのリハビリ再開や他の利用者への配慮など R さんのポジティブな面を職員に伝えていた。‘かみ合う交流’に利用してもらえるかもしれないと思ったからである。しかし、多くの場合、職員に問題のある利用者のポジティブな面を伝えても関係改善には利用してもらえない。一方、新しい「大事なもの」はなかなか見つからないし、見つけたとしても、それをケアに使うかどうかは現場の状況や職員の考えによる。R さんの故郷の話は有効に活用してもらえたが、他の施設や介護保険制度では故郷訪問など考えられないことだろう。

職員の「大事なもの」と利用者の「大事なもの」が一致しない場合も多い。それでも、心理職相談員は、「固定化した関心」から関わりを始めて、多様な「大事なもの」を見つけ、現場のケアに生かせるような提案を続けていく必要がある。

職員にとって、ターミナル期の前に、Rさんと‘かみ合う交流’ができたことの意味は大きい。元気な時のRさんとの‘かみ合う交流’の延長上にターミナルケアがあり、最後までRさんらしい生活をサポートできた。職員は、対応の難しいRさんをホームのメンバーとして‘つながり’のなかで暮せるように援助したという手応えを感じたと思われる。

利用者は、他の利用者と職員との‘かみ合う交流’・‘つながり’を観察している。問題の多いRさんが最後までホームの一員として生活し、主任が心のこもった挨拶をしたことをみて、利用者は「ホームは最後までみてくれる」・「大事にされる」という確信を深めたのではないだろうか。

V　軽費老人ホームにおける‘つながり’の援助

軽費ホーム利用者の‘つながり’の問題

軽費老人ホームでは、利用者は自立して生活することが前提になっているので、普段は利用者と職員との関わりは少ない。それだけに、介助や介護が必要になった時、利用者は職員との意思の疎通をどのようにはかって生活と心を安定させていくのかという問題がある。生活適応は、軽費ホーム利用者にとっても課題である。ここでは、特養ホームに隣接している軽費Gホーム利用者の事例を取り上げる。

軽費Gホームの生活

軽費Gホーム（以下、Gホーム）は個室型施設で、定員50人中男性6名で夫婦利用者は2組である。平均年齢85歳で自立者75％（2001年度）と虚弱化傾向にある。Gホームの生活は、食事と入浴の時間が決まっていて、階段や廊下などの清掃当番もある。それ以外は、外出や旅行も自由である。併設の特養ホームや養護ホームとの交流、職員の異動がある。利用者は、Gホーム環境との‘つながり’やGホーム利用者との‘かみ合う交流’をあまり作らなくても暮らすことができる。一方、他の利用者の目を気にして、自分の気持ちや老い、衰えをみせないように気を張り、トラブルを避け、プライバシーを守って暮らす傾向がある。園長を含め7名の職員は、何か問題がある時以外は、利用者の個人生活には関与しない。

事例　転倒事故から、不安・不満が強くなった軽費ホーム利用者――「真意を理解して」の願いを受け止める

(1) 1期「真意を理解して」――「ふらつき」をテーマに

面接は、80歳の男性利用者Tさんの希望で、園長の紹介によって始った。事例発表についてはTさんと家族の許可を得ているが、プライバシーを考慮して一部変更した。

Gホーム園長の話：「2年前、夫婦は別々の部屋に入居。Tさんはホーム生活も外出・旅行もひとりで行動、マイペースの生活だった。転倒して頭を打ち、入院治療後、治癒したとのことで元気そうだった。最近、『頭や体がふらつく。ぼっとして、ごみの出し方もわからない』と妻や職員にくどくどと訴えるようになった。妻は『Tの話を聞きたくない』と逃げる。心理職相談員が話を聞いて、必要な援助はなにかを聞いて欲しい。病院の検査結果では認知症は認められない」。

妻の話：「Tとは独立した関係、互いに世話しない約束で入居したのに。Tに頼られると、私も共倒れになる。Tの話も聞きたくない」。

「助けてくれーと言いたい」：訪室すると、すぐに次々に訴え始めた。「私は教育がないので書くのは苦手、暗記は得意

です。だから、記憶がだめになって本当に困っている」。「私は破戒の世界にいます」。「言葉が出ない、人の話がわからない、失語症のようだ」。「私が『ふらつく』と言うと、家内や職員は『まっすぐ歩いている。ふらついていない』と私の状態を理解しない。真意を理解しない」。「医者は『これからは、好きなことをして暮らしなさい』と言うが、それはぼけになるのだから自由に暮らせば良いという最後通告だと思う。ぼけたら、いらぬことを喋って、家族に迷惑を掛ける」。「真意を誤解されて、会社は定年前に退職。今度もこんなことになって、なんと中途半端な人生。助けてくれーと言いたい」。

Tさんはつかえながらも、事細かに次々といろいろな問題を語り続け、こちらが言葉をはさむ間もない。妻・息子と娘・職員・医師が「ふらつきを理解しない。食い違って受け取る」・「助けてくれない」と援助に関する不満も強い。〈いろいろな問題で困っていらっしゃるのですね。少しでも、楽に暮せるようになるにはどうなれば良いと思いますか〉と尋ねると、「人目を気にしないで生きたいが性格は直らない。夫婦なのだから、家内に助けて欲しい」と言う。当面必要な援助について聞くと、受診の時「医者に質問したいことがある」と言う。そこで、質問メモを作り、今後は週2回、50分の定時訪問をして、面談することを提案した。「カウンセラーという職業を信用している。お願いします」とほっとしたようだった。

Tさんの問題は「ふらつき」だけでなく、そこから派生する問題があるらしい。Tさんにとって身体・家族関係・ホーム生活・人生など「大事なもの」が一挙に崩壊していくように感じているのだろう。その不安を訴えても、援助を求めても、その気持ちや願いは「大事にされない」。まさに「助けてくれーと言いたい」状態であったと考えられる。

大きな問題が背後にあったとしても、まず、日々の生活が安定するような援助から始めようと考えた。それが筆者にできることであったし、Tさんにも必要なことだと考えた。定期面接という安定した枠を作り、Tさんの不安と苦情を受け止め、園長や職員・家族と連携していくこととした。日常生活の援助としては、受診時用のメモを作り、掃除当番や自治会役員からTさんを外して、心身の負担を軽くした。1人で入浴できる時間を作り、妻は「メモ交換でなら」と洗濯やごみ捨てを引き受けた。長女は受診に付き添った。MRIの結果は安定していた。しかし、家族や職員が「元気になったようだ」と言うと、Tさんは「ふらつき」を「理解してくれない、食い違う」とかえって不満をつのらせた。

「ふらつき」を理解して：面接では、毎回、Tさんの話題は「ふらつき」と「ぼけて家族の迷惑になる前に死にたい。家族によく思われたい」に絞られ、事細かな説明をした。

「ふらつき」を実演して説明し、周りが「私の真意を理解してくれない」と訴え続けた。学校でも軍隊でも会社でも「理解してくれなかった。食い違った」と繰り返した。

Tさんは「ふらつき」のため日常生活でも困っているが、それよりも「ふらつき」がどんなものかを、周囲にも「食い違う」ことなく「真意を理解して」くれるように望んでいた。そのために「ふらつき」を延々と説明しているのだった。食い違いなく理解されることが「大事にされる」ことなのだ。「楽になったでしょう」と言われると、自分の「真意を理解してくれない」と思って不満はつのる。

体調の記録表から「真意を理解して」：面接では、Tさんは自分の体調が食い違って受け取られないように、体調記録表を作り始めた。測定器具を使って血圧・脈拍・体温を測り、排便や「ふらつき」状況などを書き込み、熱心に説明した。数字やグラフで筆者に伝えようとするTさんの「わかってほしい」熱意と工夫に圧倒された。「固定化した関心」はますます強化されていると感じた。しかし、Tさんの熱意に引きずられ、体調記録表を唯一の‘つなぎ素材’として、面接を続けている状態だった。長女は、Tさんには毎朝定時に電話するようになった。

「主治医がわかってくれた」：新しい主治医が「ふらつきをわかってくれる。薬の説明もよくしてくれる」と喜び、MRIの結果に安心するようになった。「ふらつき」にも慣れ、その対応もできるようになった。生活も気持ちも落ち着き、体調記録表作りをやめた。長女と一緒に銀行に出掛け、「うまく手続きができた」・「自動券売機で切符が買えた」など自信が回復したようだった。

不満は絶えず、時々「私の心は複合汚染。初めから［話］を聞いてもらわないと私の真意がわかってもらえない」と言うことがあったが、筆者は「そのような時がくれば」と応えていた。半年の面接をへて「ふらつき」ながらも、Tさんなりに長女や職員との意思疎通もできるようになり、「大事にされる」感じもあり、‘かみ合う交流’ができたようである。Tさんと話し合って面接を終えた。

(2) 2期「真意を理解して」――ライフレビューを通して

1カ月後、Tさんの希望で面接を再開した。「妻と子どもたちに［話］をしたら、『そんなくだらないこと気にしていたのか』と笑われた。家族のため胸に納めてきたことがそんなにくだらないことか。精神科医ならわかってくれるから、［話］を聞いてもらいたい。お金は十分ある」と、老年精神科の専門医を受診した。Tさんにとってきわめて「大事なもの」が「大事にされない」という大きな出来事があったようである。「真意を理解して」ほしい気持ちで一杯のようだった。医師はTさんに、筆者に［話］を聞いてもらうことを勧めた。Tさんは納得し、妻と長女の了解も得て、筆者は［話］を聞き始めた。

Tさんが語るライフレビュー：Tさんは「［話］を食い違って理解されないように」と写真や地図、戸籍謄本をそろえ、4カ月32回にわたって出生時からのことを熱心に語った。「大事なもの」である［話］も語った。自分は［話］の重大さを考慮して職業や結婚の選択をし、家族を守ってきた。自分のすべての言動はそこから派生していると繰り返した。そのために学業や勤務が「中途半端」に終わって無念だったことを繰り返した。だから、自分を理解するには自分の根にある［話］を聞いてもらう必要があると言った。

「大事なもの」であった［話］が家族に「なんだ、そんなこと」と言われたことは、Tさんを打ちのめしたようだった。「人生は失敗だった」とネガティブに結論づけた。「家族のために生きてきたのだから、家族によく思われたい」とため息をついた。私はこう生きてきたのです、自分の「真意を理解して」と、綿々と訴えているようだった。ただ、Tさんを理解してくれた外国人を含む3人の上司・趣味・幼いころの子どもたちとの思い出だけは懐かしそうに話した。

日々の生活や体調も否定的に語られ、妻や職員が「ふらつき」を理解してくれないと不満が続いた。一方、厚着をして散歩に出たり、都心まで出掛けたりした。Tさんに理由を聞くと、厚着は転倒した時の危険防止、外出は心身能力の回復程度を測るためで、水筒や軽食・地図を持って行くと言う。筆者は、Tさんの生きる熱意と工夫、合理性に驚かされた。

インタビュー式のライフレビュー：Tさんは、ライフレビューの新しい形を提案した。ある日、「これからは、あなたが質問して、私が応えるようにすると話しやすいと思う」と言う。筆者は、聞きたいことがたくさんあったので喜んだ。まず、〈教育がないことから抜け出すきっかけがあったのですか〉と尋ねた。Tさんは即座に12、3歳の頃の台風の被災経験だと言って、その様子を説明してくれた。その後、Tさんはその台風について詳しく調べるために近くの図書館に行ったが、資料がないので諦めようとした。すると、司書が「探しましょう」と他の図書館からその台風の写真入り新聞コピーを取り寄せてくれた。筆者にそのコピーを見せ、Tさんは司書の親切に感激していた。

ある日、筆者が〈海外旅行で印象に残っていることは〉と尋ねると、Tさんは「カナダに行った時、フランス語圏では不自由だったが、英語圏に入った途端、家に帰ってきたようにほっとした」と言って、ふと、黙り込んだ。突然、「昔、イギリス人の上司のCと話が通じたのは、私の英語がうまかったからだと思っていました。でも、Cが私を理解して『お前は、こういうことを言いたいのだろう』とまとめてくれたから、通じたことに初めて気がつきました。いろいろあったけど、長い目でみて、私がうまくいったのは、節目節目にそういう人がいたからでした。今は、あなたが『こういうことですね』と聞いてくれている」と感慨深く言った。

この思い掛けない展開は、Tさんの転機となったようだった。Tさんは、これまで「大事にされない」ことばかりに「固定化した関心」を向けていたが、「大事にされる」経験も思い出したようである。

Tさんは周りの配慮に気づくようになり、喜ぶようになった。体操の出席率が良いとのことで表彰されると、「ホームは私を見ていてくれた」と喜んだ。妻が隣室に移ってきた時は、「壁を叩けば家内がいる。職員もあなたもいる。1人で死んでも孤独死じゃない」と‘つながり’のなかにいることを感じているようだった。自分が周りから「大事にされる」という実感をもったようである。

「ふらつき」はあるが、長女と出歩くようになった。子ども達がしっかりしていることがわかり、「私がぼけて迷惑を掛けたとしても、子ども達は大丈夫」と言うようになった。「過去より、これからのことを考えたい」とライフレビューを終えた。長女は「父は過去のことにこだわらなくなった。こんなに父が変われるとは思っていなかった」と言った。

ありのままの自分で生きる：面接は回数と時間を減らして続けた。「ふらつき」と「食い違う」の訴えは続いたが、老人会でハーモニカを披露するなどホームとの‘つながり’も作れるようになった。1年半にわたった面接を終える時、Tさんは「今も、小さいことに喜び悩む。そういう人間であるほかはなく、どれもありのまま。ありのままの自分が何重にもなっている。中途半端の人生と思っていたが、長い目でみたら望みのかなった人生、よくやった人生だった。これからも良いことがあるのでないかと思います。これも過去を省みたから気がついたことです」と言った。併設施設に贈るために「最後の晩餐」の5000ピースのジグソーパズルを作り始めていた。筆者がホームを退職後、ホーム行事でTさんに会うと、妻や孫に囲まれてにこやかに挨拶をしてくれた。

考察

Tさんは「ふらつき」から、一挙にさまざまな問題が出てきた。日常生活の援助・身体ケア・訴えを聴くこと、すべてTさんには必要な援助だった。なかでも、最もTさんが求めていたのは、「真意を理解して」ということだった。誤解を受けることが多かったTさんには、「ふらつき」問題の前から、「真意を理解して」は重要なテーマであった。ずっと他者との‘かみ合う交流’に困難を感じていたことは確かであろう。「ふらつき」が強い時は、「ふらつき」をテーマにして、徹底的に「真意を理解して」と求める。職員も妻も敬遠するようになると、「真意を理解して」くれない人には不満をもつ。このような完全な‘かみ合う交流’を求められると周りの人も大変である。

Tさんは、心理職相談員にも徹底的に「真意を理解して」と求め、面接では言葉で訴え、ジェスチャで伝え、詳細な体調記録表で説明した。新利用者がもてるものを総動員して‘つながり’を作ったように、Tさんも「真意を理解して」もらうための工夫と努力を惜しまなかった。ただ、新しい主治医という理解者と長女の協力が得られ、Tさんの「ふらつき」も落ち着くと、「真意を理解して」ということはそれほど必要でなくなった。「ふらつき」・「真意を理解して」という2つの「固定化した関心」から外出や銀行など再び現実的な「柔軟に動く関心」へと広がって、第1期の面接を終えた。

Tさんが安定した生活を送れるようになり、ホームの人々とのある程度の‘かみ合う交流’ができるようになったので、第1期の面接の目的は達したと考えられる。

第2期のライフレビューは、Tさんが家族に「真意を理解して」もらえなかったという危機に直面したことから始った。医師に話を聴いてもらう予定であり、支払いの準備もしていたところから、本当に「真実を理解して」は切実な「大事なもの」になっていたと考えられる。十分な時間を掛けて細かな記憶や感情を想起するライフレビューの過程で、Tさんは中途半端と思った人生のなかで最も「大事なもの」である家族に尽くし、自分も「大事にされる」ことや「真意を理解して」もらえたことがあったことを確認した。そして、現在と将来においても自分が「大事にされる」ことを感じたと思われる。そして、人目を気にしないでありのままの自分で生きて良いのだ、という深い安心感を得ることができたのではないだろうか。矛盾だらけの自分を認めることで、「真意」というものにこだわらなくなったのではないか。T さんは、「最後の晩餐」のなかに、さまざまな思いや迷いをもった人々が共に生きていることをみたのかも知れない。

T さんのケースは、問題解決のヒントは利用者自身のなかにあることをよく示していると思われる。T さんは面接を再開し、精神科医に［話］をし、資料をそろえたライフレビューを始め、インタビュー形式のライフレビューを提案した。「カウンセラー」として筆者を信頼した。これらは、すべて T さんがもっていた解決手段であった。援助者側が、それらを「大事なもの」として受け止め、T さんが十分に試行錯誤ができるような場と時間を提供したことに意味があったのだろう。

試行錯誤の間にも、日常生活の現実的なサポートは重要である。はじめ、入浴時間をずらすなどして職員が配慮しても、筆者が定期訪問をしても、T さんは当たり前のように受け取り、心を動かす様子はみられなかった。T さんは不安が強く、「ふらつき」と「真意を理解して」とに「固定化した関心」が向いていたため、周りの配慮に気がつかなかったのであろう。そのような時期でも、職員が関心をもって日常生活の援助をしていれば、やがて図書館司書のコピーや体操の表彰状に他者の配慮を感じたり、人生の意味づけを新たにしたりしていった。T さんが日常生活のレベルとライフレビューのレベルを安全に往復できるように見守っているうちに、T さんは変化していった。援助者は‘つながり’や‘かみ合う交流’のために意図的な働き掛けをする一方、時間の流れのなかで展開してくるものを待つ姿勢も必要である。

この事例は、第 21 回日本臨床心理学会で事例発表した（2002b）。

VI　認知症入院患者との‘かみ合う交流’を深める関わり

高齢者の話を、ケアに生かす回想法

認知症患者に接していると、患者の思いがけない言葉や表情・しぐさに出会い、患者にはまだまだ広い世界が残っていることを教えられる。そして、この生き生きした反応を日常生活に生かせたら、もっと深い‘かみあう交流’ができるのではないかと思う。

しかし、高齢者介護施設のケア現場では、そのような気づきや思いを職員間で共有したり、ケアに活用したりすることは容易ではない。時には、患者が語る一定の話や好み

のモノを媒介にして、「こう聞けば、こう応える」、「これを見せると落ち着く」というような固定化したやり取りもみられる。それで患者が満足するのであれば効果的な対応であるかもしれない。ただ、それだけでは高齢者と職員との間に、生き生きとした‘かみ合う交流’が展開することにはならない。認知症患者である語り手と聴き手との交流が自然に始まるようなアプローチはないか。それを模索するうち、回想法に出合った。

回想法は高齢者に対する心理的ケアとして、ことに認知症高齢者に対するケアとして広く行なわれている。回想法は、カウンセラーが良い聞き手となり、高齢者が自らの人生を紡ぎ直し、その意味や価値を模索してゆくことを援助する方法である（黒川、2005）。筆者は、東京の老人病院で優れた指導者のもとで回想法を学び、実践に参加することができた。そして、回想法は、認知症患者との‘かみ合う交流’を深めるのに適した方法だと感じた。

老人病院で安定して生活していた認知症患者との‘かみ合う交流’を深める工夫として、地図を用いた回想法を行なった（小倉、2002a、2003、2006b）。家族から発表の許可を得ているので、地名はそのまま示す。

事例　思い出の〈場所〉を「大事なもの」として
―地図を使った回想法

(1) ‘かみ合う交流’の源 ―― 故郷の思い出

Yさんは、多発性脳梗塞による軽度から中度の認知症の女性入院患者で98歳で入院。筆者との初対面は101歳6カ月の時である。食事・排泄・歩行はほぼ自立。温和で明るい人柄で、意思疎通は良い。グループ回想法や病棟の日常生活場面でも故郷の思い出話を繰り返し楽しそうに語り、職員なら誰でもが知っている話がいくつもある。

例）「家の前は海、後ろは山。海の幸・山の幸ふんだんな所で育ちました」。「夕方になると、春日神社に北や東からカラスがたくさん飛んで来て……」。「加茂隧道《ずいどう》を出ると庄内平野、そこが酒で有名な大山。大山から2里行くと鶴岡で、酒井侯の旧領地」。

このような同じ話を繰り返す一方、たびたび新しい話や歌を披露し、職員を驚かせていた。Yさんの様子から、次のようなことが考えられた。

①Yさんの「大事なもの」は、人生の大部分を過ごした日本海に面した港、加茂の自然・文化・人々の暮らしと、庄内平野・最上川にまつわる思い出である。これらは、病棟の職員や他の患者との‘かみ合う交流’の源になっており、Yさんの記憶や喜び・誇りを支えているものであった。

②同じ話の繰り返しではパターン化した交流になる。生き生きとして楽しい‘かみ合う交流’にするには、Yさんの話

を聴く時の工夫が必要である。応答を的確にかみ合わせること、実感をもって聴くことが大切で、そのためには話の背景を知る必要がある。
③「こんな話、あんな話」という個々のレベルにとどめず、Yさんの話を全体的に関連づけ、ある形にまとめておく必要がある。そうすれば、話の散逸を防ぎ、他の職員とも共有できる。Yさんについて職員間の共通理解も深まり、Yさんのケアにも良い影響があるのではないか。

このようなことから、Yさんの話を活用して、'かみ合う交流' を深める方法を模索した。

(2) 大事な〈場所〉から'かみ合う交流'を始める

Yさんの話には距離・方角など場所的・地理的な事柄が頻繁に登場することに着目した。「大事なもの」は馴染みの〈場所〉であり、Yさんはその〈場所〉に馴染んでいるため、距離や方角の感覚が身についている。そこで、ある〈場所〉に関することから聴いていけば、次の〈場所〉へと移動し、新たな風景や記憶が展開するかもしれない。語られた〈場所〉を地図や電子百科で確認すれば話の背景や意味がわかり、即座に的確な応答ができる。そうすれば、Yさんとの'かみ合う交流'は深まるだろう。また、思い出の〈場所〉を地図上に配置して思い出地図を作れば、職員や他の患者との'かみ合う交流'のきっかけになるかもしれない。

このようなことを考えて、昭和30年代の中学生用の地図帳と電子百科を使いながら話を聞いた。病棟の日常的関わりのなかで1回15分ほどの、次のようなやり取りである。

「家の前は海、後ろは山。海の幸・山の幸ふんだんな所で育ちました」。このように定型化した形で最も頻繁に語られた話だった。そこで、筆者はこの話が語られた時、〈家の前は海だったのですね。家から海まで近いのですか、どのくらい離れていますか〉と応じた。別の機会には、どんな海の幸がありますか、海の深さは？　魚はどうやって獲るのですか？　などと質問した。

Yさんは「うちは堤防から3軒目。すぐそこですよ。浜町だから」と町名も言う。〈浜町とは、海の近くという感じがしますね。ほかにも町があるのですか？〉と聞くと、「岡町、泊町、登町……」と8つの町名をあげる。〈だんだん海から遠くなる感じの名前ですね〉と応える。Yさんは「登町に母の実家があるんです。F左衛門といって、大きな家でした」と、目をきらきらさせて言う。

次の機会に、〈Yさんの家は浜町でF家は登町でしたね〉と話をゆっくり切り出して、確認し〈浜町から登町は遠いのですか。よく遊びに行ったのですか〉と聞くと、従兄弟3人との遊びや庭石・池の話、ほかの親戚の話もした。〈ご親戚は大きな家で、お金持ちが多いのですね〉と言うと、「いえいえ、A様はもっと金満家でした。女子大出のお嫁さんが来たんですよ。どんな人だろうって見に行きました」と結婚式の様子を語った。

質問は距離や方角・高さ、地名や特産物、波や太陽の動き、建物や橋など地理的なことである。また、Yさんが「浜町」と言うと、その「浜町」に基づいて質問をした。常に、今の〈場所〉から歩き始める、眺めるという設定である。

このように、大事な〈場所〉を手掛かりにすることで、四方八方にYさんの体は動き出し、体の動きにそって記憶が展開していくようだった。筆者の質問や相槌に応えて、話の〈場所〉に戻り、道や家の間を動き回り、海や山を眺め、音や人声をとらえ、そこにいた人々と話をした。そして、それらを私に語るという二重の対話をすることで、話は展開した。Yさんの表情や声は生き生きとしていた。

聴き手である筆者は、地図帳で確認しながらYさんに道案内をしてもらい、ゆったりと一緒に風景を眺め、旅をしているようだった。地図帳に載っていない〈場所〉でも、近隣の地形や風土・産業は地図帳で確認し、電子百科で調べることができた。鶴岡市図書館の資料室から資料を借り、家族から写真を提供してもらった。

ある時、Yさんが「あなた、私の家に来たことがあるでしょう」と言うので、〈いいえ、残念ですが、ないのですよ〉と応えると、「そうですか」と不思議そうな顔をした。実際、筆者もYさんと一緒に〈場所〉をめぐったような錯覚を覚え、それらの〈場所〉は2人にとって「大事なもの」になっていた。

(3)「思い出地図」の作成と効果

〈場所〉を手掛かりにして展開した話を書きとめ、Yさんにとって重要な意味のある場所と事柄を日本地図上に配置して、2種類のA3サイズのカラー絵地図「思い出地図」を作成した（図5）（小倉、2002a、2003、2006b）。プラスチック・ファイルに入れてベッドサイドに吊るし、筆者やスタッフとの会話に利用した。Yさんは、「思い出地図」を見て、「こんなことも、私が話したの」と驚いたり、「ああ、懐かしや」などと感動したりした。

職員は、Yさんのケアをしながら「思い出地図」にある事柄を話題にしたり、同県出身の職員はもっとローカルな話題へと展開したりした。Yさんと初対面の研修生は「思い出地図」を使ってスムーズに話を始めた。思いがけずYさんと同郷の患者とも対面することになった。このように、「思い出地図」によって、Yさんの思い出話は他の人に共有され、Yさんと周囲との‘かみ合う交流’のひとつの源となった。

■図5　地図を使った回想法による「思い出地図」
（小倉,2002a,2003,2006b）

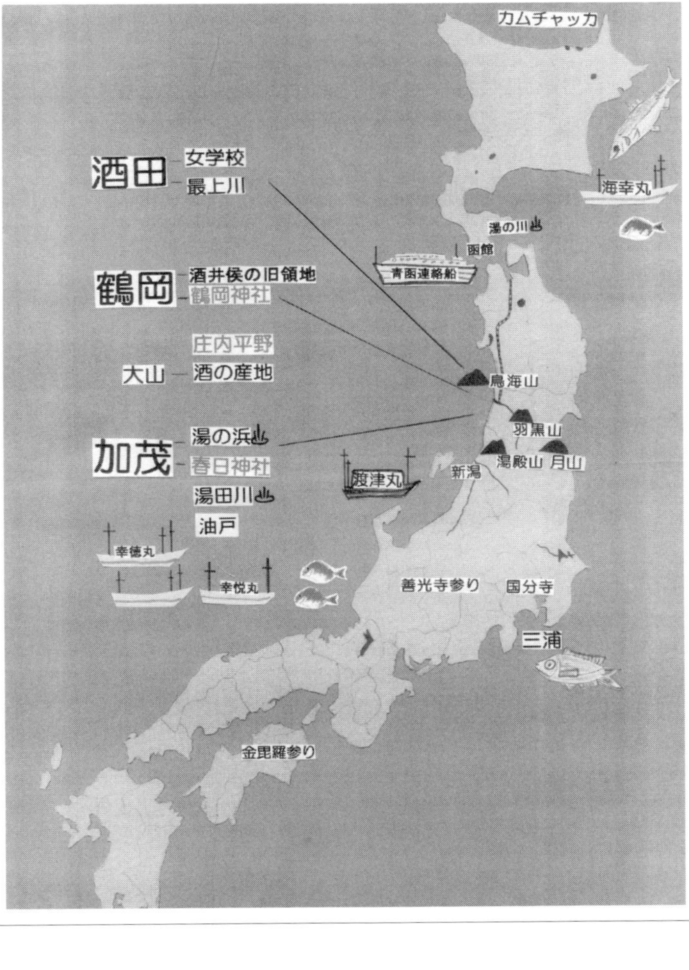

⑷ 役割を終えた「思い出地図」

Y さんは 104 歳の時、大腿骨を骨折。寝たきりになってからは、思い出話は少なくなり、「後ろは山・前は海」を語る程度になった。痛みの訴えと死についての話が多くなった。今、Y さんが求めているのは、痛みの訴えと死の話に耳を傾けることであろうと感じた。スタッフや他の患者と Y さんとを強く結んでいた‘つなぎ素材’の思い出話も「思い出地図」もその役割は小さくなったと感じた。Y さんを見舞い、食事を介助することが新たな関わりとなった。「元気になってくださいね」と声を掛けると、Y さんは「私にはあの世で皆の幸せを祈るほうが合っている」と応え、それが最後の会話だった。

考察

‘つながり’の視点から援助を考える時、認知症患者であっても高齢者のもてるもの、「大事なもの」を活用して関わることが基本である。第 2 章でみたように、高齢者は自分のもてるものを総動員して環境との‘つながり’を作り、生活適応をしていくと考えられるからである。

Y さんは多くのものをもっていた。豊かな潜在的記憶・故郷への愛着・馴染みの〈場所〉・地理的感覚・明るく話し好きな性格・健康などである。「大事なもの」は故郷の馴染みの〈場所〉にまつわる思い出であると考えられた。Y さんとの関わりの問題点は、定型化・固定化する傾向があることと、話が「この話、あの話」と個々のレベルにとどまっていることであった。

Yさんの話の特徴やスタッフの関わり方の問題点を考えていると、自然に地図を使った回想法が浮かび上がった。そして、Yさんが楽しそうに繰り返し語る〈場所〉に着目し、地図や電子百科などの地誌的情報を参照しながら話を聴いた。その結果、Yさんは、いつもの定型的な話を繰り返すのではなく、ある〈場所〉から出発して連想的に思い出を語った。話は四方八方に広がったが、馴染みの〈場所〉に密着してランドマークを見ながら移動するため、Yさんの位置や行程は確かであり、着実に馴染みの〈場所〉を歴訪していった。このような結果から、地理的情報は、Yさんにとって無理のない適切な刺激であったと考えられる。

また、場所は位置・人の存在・出来事・行為と関連しているものである。だから、Yさんが〈場所〉についての刺激を受けると、その〈場所〉に関わる人々は動き出し、最上川の波も高くなり、海の魚も泳ぎ出すことになったのだろう。周りが動き、自分も動くなかで、Yさんの記憶も感情も活性化されたのだと考えられる。

聴き手にとっても地理的情報を参照することは有効であった。「加茂隧道《ずいどう》を出ると庄内平野です」という話も、地図や事典で地形・文化・歴史を確認すれば、すぐになるほどと納得できた。納得して聴いていると、Yさんの話にいっそう興味がわいた。そのような聴き手の姿勢はYさんにも伝わり、さらに生き生きと楽しそうに語るという循環になったのだと考えられる。

職員は「思い出地図」をYさんとの話の糸口にしたり、新たに想起した話を報告したりしてくれた。このことから、「思い出地図」は職員とYさんとの‘かみ合う交流’を始めたり、深めたりするうえで役立ったのではないかと考えられる。新たな想起があれば、「思い出地図」に書き込んでいくことができる。また、職員の交替が多いケア現場では、認知症患者の話をまとめた形にしておけば、職員間で引き継いでいくことができる。

一方、「思い出地図」の限界もあった。老いの進行によって、身体的ケアでも心理的ケアでもそれまでとは違ったものが「大事なもの」になるからである。Yさんの関心も、思い出や「思い出地図」から痛みや死の思いへと変化し、それが「大事なもの」になった。‘かみ合う交流’は、患者や利用者の老いや死も「大事なもの」として受け止め、常に生成され続けるものである。「思い出地図」の役割が終わったことも、‘かみ合う交流’のあり方からみれば当然のことである。

高齢者の心を深く理解することは、とうてい望めることではない。それでも相手を知れば知るほど高齢者への関心や敬愛の念は深まるものである。Yさんのように十分周囲との‘つながり’を作り、‘かみ合う交流’をしている場合でも、援助者の工夫次第ではさらに奥深い交流が可能であろう。同様に、問題のある高齢者に対する時も、その人のもっているものを理解しようとする援助者側の工夫と準備によって、新たに‘かみ合う交流’が始まる可能性はあると考える。

引用文献

・Erikson, E.H., Erikson, J.M. & Kivnick, H.Q.（1990）. 老年期 生き生きした関わり合い（朝長正徳・朝長梨枝子，訳）. 東京：みすず書房.（Erikson, E.H., Erikson, J.M. & Kivnick, H.Q.（1986）. *Vital Involvement in Old Age*. W.W. Norton, NY.）

・Grant, P.G., Skinkle, R.R. & Lipps, G.（1992）. The Impact of an Interinstitutional Relocation on Nursing Home Residents Requiring a High Level of Care. *Gerontologist*, 32（6）, pp. 834-842.

・長谷川和夫.（1975）. 老人の心理. 長谷川和夫・賀集竹子（編），老人心理へのアプローチ（pp. 10-23），東京：医学書院.

・橋本正明.（1999）. 介護保険と社会福祉サービスの新展開. 三浦文夫・橋本正明・小笠原浩一（編），社会福祉の新次元 基礎構造改革の理念と針路（pp. 39-66），東京：中央法規出版.

・堀秀彦.（1981）. 銀の座席. 東京：朝日新聞社.

・城　佳子・児玉桂子・児玉昌久（1999）. 高齢者の居住状況とストレス―プライバシー欲求の視点から　老年社会科学，21（1），pp. 39-47.

・木下康仁.（1989）. 老人ケアの社会学. 東京：医学書院.

・木下康仁.（1999）. グラウンデッド・セオリー・アプローチ―質的実証研究の再生. 東京：弘文堂.

・木下康仁.（2003）. グラウンデッド・セオリー・アプローチの実践質的研究への誘い. 東京：弘文堂.

・木下康仁（編著）.（2005）. M-GTA 分野別実践編グラウンデッド・セオリー・アプローチ. 東京：弘文堂.

・黒川由紀子.（2005）. 回想法―高齢者の心理療法. 東京：誠信書房

・Kowalski, N.C.（1981）. Institutional Relocation: Current Programs and Applied Approaches. *Gerontologist*, 21（5）, 512-519.

・三浦文夫.（1999）. 社会福祉の転換と基礎構造改革. 三浦文夫・橋本正明・小笠原浩一（編），社会福祉の新次元　基礎構造改革の理念と針路（pp. 9-37），東京：中央法規出版

・三浦研・外山義.（2001）. 高齢者施設のユニバーサルデザイン―施設から住まいへ. 老年精神医学雑誌，12（9），pp. 991-998.

・根本博司.（1980）. 老人ホームにおける社会的適応援助上の問題と援助者の訓練問題―処遇困難事例の分析から. 社会老年学，12, pp. 3-15.

・根本博司（編）.（1990）. 援助困難な老人へのアプローチ. 東京：中央法規出版.

・西下彰俊・坂田周一.（1986）. 特別養護老人ホーム入所 1 年後の ADL およびモラールの変化. 社会老年学，24, pp. 12-27.

・能智正博.（2000）. データ処理の基本技法. 下山晴彦（編著），シリーズ・心理学の技法 臨床心理学研究の技法（pp. 55-65）. 東京：福村出版.

・小笠原祐次.（1995）. 介護の基本と考え方 老人ホームのしくみと生活援

助．東京：中央法規出版．
・小倉啓子．（1997）．特別養護老人ホーム女性入居者の『居場所』の研究．日本女子大学人間科学研究科修士論文．
・小倉啓子．（2000）．特別養護老人ホーム入居者のホーム生活への肯定的感情とその維持に関わる要因 日本女子大学 人間社会研究科紀要，6, pp. 169-182.
・小倉啓子．（2002a）．語り手の馴染みの場所に関わり回想を自由に広げ促す．厚生科学研究所，5, pp. 47-51.
・小倉啓子．（2002b）．'ふらつき' と 'すれ違い' を訴える老人ホーム男性入居者のホーム再適応過程―ライフレビューと日常生活の調整を通して．第 21 回日本心理臨床 学会発表論文集，p. 118.
・小倉啓子．（2002c）．特別養護老人ホーム新入居者の生活適応の研究―「つながり」形成プロセス．老年社会科学，24（1），pp. 61-70.
・小倉啓子．（2003）．痴呆症高齢者の回想法と『回想地図』．月刊おはよう 21，49（2），pp. 47-51.
・小倉啓子．（2004）．特別養護老人ホーム利用者の 'つなぎ役' としての心理職― 4 年半の相談活動を通して．日本女子大学 人間社会研究科紀要，10. pp. 147-159.
・小倉啓子．（2005a）．特別養護老人ホーム入居者のホーム生活に対する不安・不満の拡大化プロセス―'個人生活ルーチン' の混乱．質的心理学研究，4, pp. 114-129.
・小倉啓子．（2005b）．第 6 章 臨床心理学領域：特別養護老人ホーム入居者の生活適応の研究 ―'つながり' 形成プロセス．木下康仁（編著），M-GTA 分野別実践編グラウンデッド・セオリー・アプローチ（pp183-214）．東京：弘文堂．
・小倉啓子．（2006a）．特別養護老人ホーム新入居者の生活適応の臨床心理学的研究―'つながり' と '個人生活ルーチン' の形成と展開．博士学位論文（日本女子大学）未公刊．
・小倉啓子．（2006b）．認知症患者の自伝的記憶の世界―繰り返し語る '場所' からのアプローチと「思い出地図」．日本女子大学 Cognitive Gerontology 研究会（編），老年認知心理学への招待（pp. 17-34）．東京：風間書房．
・副田義也．（1987）．老人福祉の構造原理．老いの発見 5 老いと社会システム（pp. 53-74）．東京：岩波書店．
・竹中星郎．（1996）．老年精神科の臨床―老いの心への理解と関わり．東京：岩崎学術出版社．
・竹中星郎．（2002）．老年期おける適応．竹中星郎・星薫（編著），老年期の心理と病理（pp. 9-85）．東京：放送大学教育振興会．
・外山義．（1999）．生命力をしぼませない住居を．NIKKEI ARCHITECTURE, 5. 31, pp. 34-38.
・外山義．（2001）．生活空間論 生命のみなもと（3）地域と施設の生活の落

差（2）．看護教育，42（2），pp. 172-175.
・外山義．（2002）．生きる意欲を引き出す環境．介護支援専門員，4（2），pp. 29-34.
・外山義・児玉桂子．（2000）．居住環境と社会福祉．月刊ふくし，2000, pp. 76-83.
・Wapner, S., Demick, J. & Redondo, J.P.（1990）.Cherished Possessions and Adaptation of Older People to Nursing Homes. *Aging and Hunan Development*, 31（3），pp. 219-235.
・やまだようこ．（2004）．質的研究の核心とは．無藤隆・やまだようこ・南博文・麻生武・サトウタツヤ（編），質的心理学 創造的に活用するコツ（pp. 8-13）．東京：新曜社.

【著者紹介】

小倉啓子（おぐら　けいこ）

ヤマザキ動物看護短期大学教授。日本女子大学大学院人間社会研究科博士課程修了。博士（心理学）。臨床心理士。老人福祉施設、老人病院の心理職をへて現職。

主な著書に、『分野別実践編　グラウンデッド・セオリー・アプローチ』（分担執筆）2005、弘文堂。『老年認知心理学への招待』（分担執筆）2006、風間書房。

ケア現場における心理臨床の質的研究
——高齢者介護施設利用者の生活適応プロセス

平成19年5月30日　初版1刷発行

著　者　小倉啓子
発行者　鯉渕友南
発行所　株式会社 弘文堂　101-0062　東京都千代田区神田駿河台1の7
TEL 03（3294）4801　振替 00120-6-53909
http://www.koubundou.co.jp

装　丁　笠井亞子
印　刷　三美印刷
製　本　井上製本所

ISBN978-4-335-55114-7